你不可不知的

西方画家及其作品

巨匠辈出的文艺复兴

王月亮◎著

中国法制出版社
CHINA LEGAL PUBLISHING HOUSE

序

Preface

1601 年，意大利传教士利玛窦来到北京，把欧洲油画带到了中国。利玛窦在呈送明神宗皇帝的表文中说："谨以天主像一幅，天主母像二幅，天主经一本，珍珠镶嵌十字架一座……奉献于御前。物虽不腆，然从极西贡来，差足异耳。"

利玛窦可视为将西画传入中国的第一人。此后，包括油画在内的各类西方绘画通过西洋舶来品，渐渐由宫廷传入富人阶层和民间作坊，对中国雕塑、刺绣、彩绘、泥金、漆艺、镶嵌等艺术领域均产生了影响。

在绘画方面，中国自 19 世纪起，学西画者渐众。

清同治年间，上海天主教会创办了土山湾画馆，成为"中国西洋画之摇篮"。

辛亥革命前后，在维新派"欲开民智，非讲西学不可"的观念影响下，许多画家不远万里奔赴日本、西欧和美国学习西洋绘画，李铁夫、李叔同、吴法鼎、徐悲鸿等都是其中的佼佼者。

现在，西方绘画，尤其是油画，于国人已是司空见惯，除在各地美术馆、博物馆、艺术区中展出，很多作品还被广泛印在各类装饰画、宣传页、广告、书籍、T 恤上。各种油画、素描培训机构则为人们进一步了解并学习西方绘画提供了便利。但凡对美术略知一二的人，都知道凡·高和他的“向日葵”，也知道达·芬奇和他的“蒙娜丽莎”，毕加索和他画作中那些抽象的人物形象；而对西方美术史有些了解的人，大概还会知晓蛋彩画、湿壁画、印象派、立体主义、抽象主义、波普艺术等是怎么回事。

然而，达·芬奇为什么要画蒙娜丽莎？

凡·高是荷兰最伟大的画家吗？

印象派除了凡·高还有哪些绘画大师？

抽象主义从何而来？

毕加索究竟属于什么画派？

为什么卡拉瓦乔的画“一片漆黑”，而提香的画一片“金黄”？

西方绘画为什么从写实走向了抽象？

肖像画是什么时候出现的？……

在追溯这些问题时，我们会发现，在凡·高、达·芬奇、毕加索这些绘画巨匠的背后，是西方绘画恢弘的历史。

历史的车轮时而缓慢前行，时而极速奔驰。发生在14—16世纪的欧洲文艺复兴，对西方绘画而言就是一场燎原之火——正是它，将西方绘画从中世纪的沉闷呆板中解放出来，赋予了绘画生动的情感与鲜活的色彩。在文艺复兴之前，西方的画家多寂寂无名；而自文艺复兴的先驱者之一乔托始，西方绘画艺术大师迭出，各领风骚。

数百年来，西方绘画从幼稚、生硬渐渐走向成熟，不断创新；绘画艺术的中心也由意大利的佛罗伦萨转到法国的巴黎，再转到美国纽约，几经变迁。其间，涌现出大量在艺术史上熠熠闪光的天才，如乔托、马萨乔、保罗·乌切洛、波提切利、弗朗切斯卡、达·芬奇、米开朗琪罗、拉斐尔、荷尔拜因、提香、卡拉瓦乔、伦勃朗、德拉克洛瓦、马奈、德加、凡·高、高更、门采尔、蒙克、鲁奥、杜尚、波洛克……这些天才画家，都是引领西方绘画不断创新的变革者，用他们的天赋与勤奋定义了新的美，开辟出新的绘画领域和新的艺术手法。而围绕着这些天才人物及他们的创作风格、主要创作地等，佛罗伦萨画派、威尼斯画派、洛可可艺术、巴洛克艺术、卡拉瓦乔主义、巴比松画派、印象主义、至上主义、抽象主义、达达主义、超现实主义等流派应运而生。

伟大画家的出现并非偶然，影响一个时代的画派和传世名画的诞生，也往往有着深刻的历史背景。

绘画是一门视觉艺术，欣赏一幅绘画作品具有很大的主观性，但如果我们能了解整个西方绘画发展的大体脉络，能了解画家生活的时代背景，并了解画家的生平故事，无疑可以帮助我们更好地理解一幅画的内涵。比如，了解这些之后，我们就能明白：

“蒙娜丽莎”为什么会风靡全球？

米开朗琪罗究竟伟大在哪里？

印象主义、抽象主义、达达主义等现代画派由何而来？

为什么凡·高能画出如此炫目的向日葵？

为什么高更会与塔希提结缘？

那些看起来仅有几条线、几片颜色的画作为什么能够被称为艺术？……

《你不可不知的西方画家及其作品》正是为这些问题而创作的，旨在为非艺术专业的读者以及艺术专业初入门者梳理出西方绘画的发展脉络，让读者对西方画家、西方绘画名作及整个西方绘画史有一个大致的了解。

本套书是笔者在查阅了大量西方美术史和画家传记的基础上撰写而成的，按时间顺序，共分为四个部分。

第一部分主要介绍了13世纪至15世纪文艺复兴早期的杰出画家及其重要作品。这一时期，意大利是整个西方的艺术中心，先后形成了佛罗伦萨、罗马、威尼斯等艺术圣地。尤其是作为欧洲文艺复兴运动发祥地的佛罗伦萨，更是人才辈出，堪称绘画大师的摇篮，被誉为文艺复兴“画坛三杰”的达·芬奇、米开朗琪罗和拉斐尔均诞生于此地。与此同时，位于欧洲西北部的尼德兰低地也正在形成自己的艺术，出现了康平、韦登、博斯、老彼得·勃鲁盖尔等绘画巨匠。

第二部分主要介绍了西方16世纪至19世纪上半叶的杰出画家及其代表性作品。这一时期，在前辈大师的基础上，西方的杰出艺术家们发展出了样式主义、巴洛克艺术、洛可可艺术、卡拉瓦乔主义、浪漫主义、新古典主义、现实主义等不同风格的艺术。意大利仍是艺术家的朝圣之地，但已失去其艺术中心的地位。

第三部分主要介绍了19世纪下半叶至20世纪初期的杰出画家及其代表性作品。这一时期，法国巴黎已然成为新的世界艺术中心，名声大噪的“印象派”就诞生于此。马奈、莫奈、毕沙罗、德加、塞尚、高更、凡·高、雷诺阿、修拉、卡萨特……这些如雷贯耳的画坛大师皆与印象派有关。与此同时，象征主义、超现实主义、表现主义等全新的艺术风格也正悄然兴起。

第四部分主要介绍了西方自20世纪以来的主要现当代艺术家及其重要作品。这一时期，艺术流派纷呈，大师辈出，涌现出了立体主义、抽象主义、抽象表现主义、达达主义、至上主义、未来主义等艺术风格与流派。世界艺术中心渐渐从法国转向美国。

有别于艺术理论类书籍和专业的艺术史教材，本套书采取的是“纪传体”写作，即通过讲述画家们的独特的人生经历和创作的故事等，力求生动地呈现出他们及与其相关的画派在当时的影响和艺术史的变革中的作用等。毕竟，历史归根结底是人的历史，漫长的西方绘画史，也是由一个又一个的画家及他们的故事连缀而成的；而画家们的杰出作品，则像满天星辰，在浩瀚的艺术之空闪耀。

目录 Contents

翁布里亚画派的杰出代表——弗朗切斯卡

智力超群的全能巨匠——意大利画坛三杰之达·芬奇

脾气火暴的工作狂——意大利画坛三杰之米开朗琪罗

古典美的标尺——拉斐尔

佛罗伦萨画派创始人

——“欧洲绘画之父”乔托

画家：乔托（Giotto，约1266—1337）

国籍：意大利

代表作：《逃亡埃及》

类型：湿壁画

艺术风格：佛罗伦萨画派

牧羊娃遇上大画家

在意大利中部，也就是那只踏进地中海的“穿着靴子的腿”的“膝盖”部位，有一座古老的城市，名为佛罗伦萨，它坐落于阿尔诺河谷的一片平川上，四周群山环绕，风景十分优美。13世纪时，佛罗伦萨因羊毛和纺织业的兴盛而崛起为意大利的重要城市，城市的繁荣带来了文化和艺术的发展，西方美术史上著名的佛罗伦萨画派就诞生于此，而这一画派的创始人，正是被誉为“欧洲绘画之父”的乔托。

乔托出生于意大利佛罗伦萨一个名叫韦斯皮亚诺的村庄，他的父亲是一个普通农民。乔托的童年时代是在山野中度过的，和村子里的其他小孩儿一样，他常常需要帮助家里做一些事，如放羊、到处帮工等。而他之所以从一个贫穷的牧羊少年最终成为举世瞩目的大画家，可以说不得不归功于他与大画家契马布埃的相聚。

契马布埃生活在意大利中世纪末期，比乔托大二十几岁，当乔托还是一个放羊娃时，他已经是意大利赫赫有名的艺术家了。与那个时代绝大多数画家一样，契马布埃的作品多为以宗教故事为题材的壁画，从创作手法和创作内容来看，他的绘画师承拜占庭镶嵌画，并没有太大创新，但如《圣母子》一画所体现的那般，契马布埃在绘画中创造了明暗对比的画法，并且在神圣的宗教画中注入了温馨的世俗情感，不能不说是绘画界的一名大胆革新者。虽然契马布埃的作品保存至今的不多，后人无以充分领略他的艺术风采，但从意大利文艺复兴先驱但丁将他写入《神曲》这点来看，契马布埃在当时的意大利应该是一个响当当的人物。

那么，一个村庄里的牧羊娃是怎样与契马布埃这个享誉全国的大画家相遇的呢？

关于这次相遇，流传着多种不同版本：一种是说乔托虽然出身贫寒，却自小酷爱画画，儿时经常一边牧羊，一边拿着树枝在地上画画，有一天他正在一块石板上画画，契马布埃碰巧经过那里，他看见乔托画在石头上的羊惟妙惟肖、颇具神采，觉得这小子是个不可多得的绘画天才，于是将乔托带到了佛罗伦萨，亲自教授他学习绘画；还有一种说法，说的是乔托曾在佛罗伦萨一个毛纺作坊里当学徒，但十分渴望学习绘画，因此经常潜入契马布埃的画室偷习，契马布埃渐渐地发现乔托具有绘画天赋，便让乔托在自己的画室当助手，青年时代的乔托正是通过为契马布埃磨颜料、填颜色，逐渐学到了绘画技巧，并走上了独立创作的道路。

大胆的壁画革新者

1290 年，乔托跟着老师契马布埃来到了阿西西，为这里著名的圣方济各大教堂绘制壁画。阿西西位于佛罗伦萨东南的翁布里亚地区，是一座建在山上的美丽小城，天主教方济各会和方济各女修会的创始人圣方济各就诞生于此。这一趟旅行对乔托来说可谓收获颇丰，他正是在这里走上了独立创作的道路，并且在神圣的圣方济各大教堂留下了自己的手迹。

乔托的艺术成就远远高于老师契马布埃。一则乔托比契马布埃晚出生了 20 多年，他们生活在两个完全不同的时代。如果说契马布埃仍旧生活在中世纪，那么乔托出生时，一个全新的时代已经开启——这一时期，代表旧时代封建贵族势力的基柏林党与代表新时代新兴资产阶级的归尔甫党正展开激烈斗争。最终，后者于 1289 年在这场持久的较量中取得了胜利，而此时，乔托恰是二十几岁的青年。和当时多数思想先进的年轻人一样，他成了归尔甫党的坚定支持者——从这一点上看，乔托绝不会做一个因循守旧者，而事实也的确如此。二则尽管契马布埃作为画家，他的绘画仍然无法突破中世纪绘画的传统模式，但他做出的一些革新使他成为意大利文艺复兴运动早期的先锋力量，为后来文艺复兴艺术的开拓者树立了良好榜样。乔托作为契马布埃的学生，不仅从老师那里习得了创作技法，还青出于蓝而胜于蓝，在革新这一点上比老师契马布埃走得更远。

乔托的革新，首先在于他率先采用了湿壁画的绘画方式。

在乔托之前，包括契马布埃在内的画家一般习惯在已经凝固的泥墙上作画，这要比在刚刚涂好的、仍然湿漉漉的泥墙上作画容易许多。然而这种作画方式有个十分致命的缺点——由于颜料无法渗入泥墙深层，致使画作无法保存太久，大量杰出的作品遭遇了被毁坏的命运，譬如契马布埃的作品，到文艺复兴后期便已经褪色了，今人再也看不到作品的原貌——对于艺术，这实在是巨大的损失。

为了弥补这一遗憾，乔托使用了一种全新的绘画方式——在刚刚刷过的墙上作画。这样作画很不容易，必须先在墙上涂一层灰泥，然后在这层粗糙的表面上用炭笔打下底稿，再用红色勾勒轮廓，之后再涂上一层细灰泥浆作为真正作画的底面。由于作画时必须保持灰泥浆的湿润，因此创作时需将整幅作品的绘画任务划分成若干阶段，具体分配到天，一天要画多少，就涂多少灰泥浆。

乔托创造的湿壁画于 13 世纪时在意大利流行开来，16 世纪时趋于完善，在油画流行之前曾一度成为画家们最常用的绘画方式之一。在意大利，它被取名为“fresco”，是“新鲜”的意思。由于绘画过程必须一次完成，画好后几乎不能再做任何修改，这种绘画方式难度极高，十分考验画家的绘画功底，不过一旦画成，珍贵的艺术作品就能长久地保存于墙面，只要墙在，画就不会消失。

乔托在绘画上的另一革新为题材上的革新。

虽然乔托的绘画题材仍旧以宗教故事为主，但他十分讨厌僵硬的拜占庭绘画风格，自身的交游使他大大开拓了眼界，当他来到罗马、比萨、帕多瓦等地时，他见识了这些地区遗存的古希腊罗马艺术和哥特艺术，见识了当时活跃于比萨的尼古拉·皮萨诺父子的作品——尼古拉·皮萨诺是 13 世纪中叶的著名雕塑家，比萨大教堂布道坛的《基督降生》《博士来拜》《基督受难》等雕塑就是他的代表作品。皮萨诺的作品人物造型庄重典雅，衣纹处理厚重而富有质感，明显带有希腊、罗马古典艺术的痕迹，不愧为雕塑界文艺复兴的开山鼻祖。古代的艺术精华让乔托的内心受到了震撼，并深深打动了他，更直接影响到了他的创作。乔托大胆摒弃了中世纪宗教画中的花边和平涂的金色或蓝色背景，将之改成了富有现实感的屋舍、教堂、天空、山峦、树木等，在他的画中，希腊罗马式建筑频繁出现。

此外，乔托在绘画构图和创作笔法上也做出了创新。他摒弃了传统绘画中人物一味位于中央的呆板构图，通过巧妙的组合，使得画面中的人物与具有透视效果的背景取得完美的平衡，并且加重了人物的肌理和明暗对比，使笔下的人物显得更具体积感和重量感。这一创新使得千篇一律的宗教画在视觉上大为改观，颇受宗教界喜爱，也正因此，他开始声名鹊起，逐渐成为一名赫赫有名的大画家。

值得一提的是，乔托的作品还融入了人文主义色彩，体现出一种严肃而单纯的美。他的这一审美与创作理念，深受圣方济各教义的影响。他有许多壁画，表现的正是《圣方济各传》中的故事情景。如壁画《一个凡人的效忠》，画的是一位年长的阿西西居民将斗篷铺在年轻的圣方济各脚下以示对他的忠诚，并预言他有朝一日会成为圣人的故事；而另一幅壁画《圣方济各将自己的衣袍送给穷人》，讲的则是圣方济各放弃财富和地位，立志成为一名圣徒的故事。

圣方济各是中世纪意大利的一名修道士，他赞颂自然与生物，相传他向鸟兽说教时称燕子为“我的燕姊”，称树木为“我的树兄”，他说圣母是一个慈母，耶稣是一个娇儿，和世间一切的慈母爱子一样。这种充满仁慈博爱的教义，使得从前人们认知中可怕的宗教变得具有了人间温情。乔托深受这位圣人影响，在他笔下，那些传说中的宗教人物都变成了有血有肉的普通人，如他后期创作的《逃亡埃及》，画的是《圣经》中的故事：东方三博士得知人类未来的救世主耶稣诞生，立即前往耶路撒冷朝拜。以色列希律王得知后十分恐惧，下令将伯利恒地区所有男婴杀死，借以灭掉耶稣，但上帝托梦给耶稣义父约瑟，约瑟赶紧将圣母玛利亚和刚出生的耶稣带往邻国埃及避难。在乔托笔下，圣母抱着孩子骑在驴背上，在丈夫的引导下和同路人行进在山路上，这种颇具人间温情的绘画作品在与他同时代的画家中是极其罕见的。

乔托在为阿累那礼拜堂作画之前，想必应当看过皮萨诺父子在帕多瓦创作的作品，不过随着时间推移，乔托的创作越来越走向独立。除了 1290 至 1295 年跟随契马布埃在圣方济各大教堂创作了 36 幅壁画外，他又单独创作了 28 幅圣方济各历史图。虽然这些画都为乔托所作，但由于其风格前后迥异，以至于后世的研究者一度怀疑这些画作是否出自一人之手。

此外，乔托在阿西西还结识了文艺复兴的代表人物——著名诗人但丁，并留下了两个大人物之间的一段佳话。

但丁出生于佛罗伦萨一个没落贵族家庭，他的性格潇洒不羁，“走自己的路，让别人说去吧”这句名言就出自他之口。在思想上，但丁热烈主张独立自由，当意大利两派相争时，他很坚定地站在了归尔甫党这一方。后来，围绕是否拥护教皇的统治，归尔甫党内部又分裂成主张效忠教皇的“黑党”和脱离教皇统治的“白党”两派。此时，但丁又很坚决地成了“白党”的中坚，并被选为“白党”最高权力机关执行委员会的六名委员之一。

因为政治立场问题，但丁遭到了教皇的忌恨，并被赶出了佛罗伦萨，从此再也未能回到家乡。正是在流亡期间，他结识了当时移居帕多瓦的乔托。两人年龄相仿，又在绘画上有着共同的喜好，因此一见如故，很快就成了好朋友，而两人彼此间思想的碰撞，又促进了他们各自的创作，但丁在他的著作《神曲》中多次称赞了乔托的画，而乔托也为但丁画下了传世肖像，还将但丁的形象搬进了他的壁画中。

乔托《圣灵降临》

绘画界的但丁

乔托一生创作了大量湿壁画，在罗马、佛罗伦萨和帕多瓦都留下了不少作品，而他在绘画上最大的成就，莫过于 14 世纪初他留在史格罗维尼礼拜堂的一系列壁画。

史格罗维尼礼拜堂位于意大利北部城市帕多瓦，当时，乔托正处于三十几岁这样一个精力充沛、有无限创造力的年纪。他受到帕多瓦市斯克罗维尼家族委托，在史格罗维尼礼拜堂的左、中、右三面墙上一口气创作了 38 幅连环宗教故事画：祭坛上方是圣母玛利亚的故事；左右两边的第二与第三条状带区是基督的故事；底台的墙壁是人类史。

这一组大型壁画，是乔托目前保存最完整的壁画，也可以说是他一生中的巅峰之作，他的代表作《逃亡埃及》《犹大之吻》《最后的审判》《哀悼基督》，就包含在这一组壁画中。

在这组壁画的创作过程中，乔托融入了他毕生在绘画上取得的全部创新：用线条构建透视效果；通过明暗对比表现具有体积感的圆形人体；幻想出的颇具情景感的背景；富有感情的人物神态；等等。尽管与后世成熟的现实主义画家相比，乔托的写实技巧还显得十分稚嫩、笨拙，效果并不理想，但在当时，没有哪个画家敢于做出如此具有突破性的尝试。乔托取得的这些成果对于绘画艺术来说可谓史无前例、影响深远，他所有的创新，都指向了一个词——现实主义。他在绘画中所提出的问题，如戏剧性情节的构图、人物的表情神态、物体的体积感等，都是现实主义的重要课题，是此后数代艺术家共同面临并竭力去解决的问题。

乔托的大胆创新奠定了文艺复兴的现实主义基础，使他在当时的画坛中异军突起，成为那个时代最负盛名的绘画大师，被后世尊为“欧洲绘画之父”。

英年早逝的绘画天才

——马萨乔

画家：马萨乔（Masaccio，1401—1428）

国籍：意大利

代表作：《出乐园》

类型：湿壁画

艺术风格：佛罗伦萨画派

“黑死病”后的画界新秀

14 世纪 40 年代的某天，一艘来自西亚的商船在意大利西西里岛某个海港悄然靠岸，没人知道这只看似寻常的船上携带着可怕的病毒。不久之后，一种被称为“黑死病”的可怕瘟疫在整个意大利广泛肆虐，患病者先出现头痛、寒战迹象，不久开始发热、昏迷、皮肤出血、身长恶疮、皮肤黑紫，数日后就会在痛苦中死去。这种骇人听闻的疾病继而迅速席卷整个欧洲，几乎没有哪个国家、哪个地区可以幸免。短短数年间，这场来势汹汹的瘟疫夺去了三分之一欧洲人的性命，而作为意大利商业重镇的佛罗伦萨损失尤为惨重，其死亡人数竟达半数之多。这场瘟疫给整个欧洲带来的灾难是全方位的，无论经济还是文化艺术，在此后数十年间一直迟滞不前。

直至 15 世纪 20 年代，黑暗的欧洲大陆才摆脱了这场可怕的瘟疫带来的灾难，终于见到一线光明。在绘画方面，自乔托之后，意大利的艺术出现了断层，直至一个名叫托马索・乔迪瓦尼・迪西莫内・圭迪的人的出世，佛罗伦萨画派才有了传承之人。

托马索生活的年代比乔托晚了一个多世纪，他出生于欧洲刚刚走出黑死病阴影的 15 世纪初，父亲是个公证人，在他年幼时就过世了，随后母亲改嫁于一个家境殷实的药剂师。托马索没有跟随母亲与继父一起生活，而是和弟弟乔瓦尼留在了原来的家中，早早就开始了独立生活。

很少有人知道托马索的童年时代是怎么度过的，但不管怎么说，他顺顺利利地长大并且深深地迷上了绘画。因为痴迷于绘画，托马索在做别的事情时总是懒洋洋的，一番心不在焉的样子，在别人看来，他有些迷迷糊糊，因此给他起了个绰号叫“马萨乔”——在意大利语中就是“傻瓜”“糊涂”的意思。不过，托马索一点也不在意，他依然我行我素，执着地在绘画世界里探索钻研。

1422 年，21 岁的托马索加入了圣路加公会。圣路加公会是当时活跃于下莱茵和尼德兰地区的一个具有行业工会性质的兄弟会组织，在一些城市是严格的画家行会，在另一些城市则扩大到与绘画相关的其他行业群体，如木刻家、制版工匠、玻璃工匠等。自 15 世纪以来，欧洲有许多大画家都是该公会的成员，彼得・保罗・鲁本斯、雅各布・乔登斯、罗吉尔・凡・德尔・维登等人还曾担任公会的会长。正是从这一年起，马萨乔开始了他像闪电一样在欧洲画坛划出一道亮光的画家生涯。

马萨乔《圣杰罗姆与施洗圣约翰》

“乔托再世”

一个画家要想靠绘画营生，就要依傍有钱的雇主，与那个时代多数的画家一样，马萨乔也常常为教堂创作壁画。由于教堂里的壁画往往规模巨大，绝非一个人凭一己之力可以胜任，因此通常需要多名画家合作才能完成。马萨乔创作壁画时合作最多的画家，当数马索里诺。

马索里诺比马萨乔年长，在马萨乔出道时他就已经是佛罗伦萨著名的画家了。事实上，在出道之初，二十几岁的年轻画家马萨乔一定程度上可以说是马索里诺的助手或者说学生。当马萨乔成为独立画家后，两人还经常一起合作创作壁画。佛罗伦萨圣马利亚・卡尔米内教堂的布兰卡契礼拜堂的壁画，就是他们两人联手完成的。虽然这些壁画出自两人之手，但马萨乔和马索里诺的风格迥然不同。作为同样生活在 15 世纪的画家，马索里诺也曾积极探索绘画中的透视原理，其作品也颇具自己的特色，但他的绘画还是传统的，明显受到哥特艺术的影响；而马萨乔的作品却完全突破了中世纪艺术的束缚，继承和发展了乔托对绘画的创新。和乔托一样，马萨乔身上有着浓重的人文主义色彩，他的先进思想与精神，当然也不可避免地融入了他的创作当中。

马萨乔最为人津津乐道的作品，莫过于那幅《出乐园》。这幅作品为 1428 年他与马索里诺共同创作于卡尔米内教堂布兰卡契礼拜堂的壁画的一部分。在这幅画中，亚当和夏娃看上去身体强壮有力，亚当用手捂着脸，夏娃仰起脸，两人的表情充满了痛苦，其动作亦呈现出一种动态的悲哀——这完全有别于过往宗教画中千篇一律的呆板的人物形象，使画作充满了浓郁的悲剧气氛与感情色彩。更值得一提的是，

马萨乔《出乐园》

《出乐园》中的亚当和夏娃以全裸的形象出现在画作上，这在当时不得不说是极其大胆、前卫的做法。

除了画作充满感情与人文主义色彩，马萨乔的创作技艺也明显比同时代画家技高一筹。同样以《出乐园》为例，光线从一个角度照射在亚当和夏娃身上，马萨乔通过明暗对比的手法，凸显出造型的体积感和空间的丰富性。并且从亚当和夏娃这两个人物身上，可以看出马萨乔已然掌握了准确的人体解剖结构，以至于数十年后，当西方历史上另一位伟大画家米开朗琪罗看到这幅画时，不禁惊为神作，还特地画下了《马萨乔的出乐园习作》来向这位前辈致敬。

此外，乔托曾竭力追求但始终未能掌握的透视法，也在马萨乔这里走向了成熟。马萨乔已经能合乎规律地运用透视法及其数学原则，又使画作不失美学效果。《圣三位一体》这幅湿壁画就是马萨乔运用透视法的典型，也是艺术史上第一幅将“灭点”引入绘画的作品。该画作简朴、凝重，通过将画面的透视灭点按照成人的平均身高设置在了眼睛的位置，使得宛若真实的三维空间被完美地搬上了二维画面。画面看上去就像在墙上凿了一个洞，而这个“洞”里，面色苍白的圣子被钉在十字架上，脑袋低垂，胡子蓬乱，而位于最高处的圣父则展开结实的双臂，将十字架高高举起，显得高大而凝重，十字架下的圣母玛利亚身穿黑袍，仿佛在向世人控诉耶稣的苦难，而与她相对的施洗者圣约翰，则成为耶稣为世人受难的见证者。在圣母与约翰的下方，是两名供养人，他们双手合十，做着虔诚的祈祷。骸骨则位于最下方的墓穴中，其上方的石壁上写着这样一行字：“我曾经如你，你也将变得如我。”

逼真的虚幻空间，震撼人心的画面构图，加之精准的写实技巧，使得《圣三位一体》成为西方艺术史上一幅惊人之作。16 世纪时，它

马萨乔《玛利亚与孩子》

曾被另一名画家瓦萨里的木板油画遮盖，而 1860 年当它重见天日时，不禁令观者无比惊愕。

再如马萨乔的另一名作《纳税银》，该画不仅运用了单点透视法，还引入风景作为背景，通过光和颜色的变化，并运用古罗马人发明的但后来却一度失传的空气透视来营造画面效果，使得画面空间更为辽阔。

乔托是一位了不起的画家，因为他首先提出了现实主义艺术的诸多问题，而马萨乔则是后来的画家中最先着力于解决这些问题的。他的创作无疑是对乔托艺术的继承与发扬，因此享有“乔托再世”的美誉。

藏在画中的自画像

早期的画家极少创作自画像，但并不表示他们不画自己，恰恰相反，他们很喜欢画自己，而且喜欢将自己的形象巧妙地融入一群人物当中。马萨乔也是如此，在他的许多画作中，都藏着他自己的画像。

例如他的代表作《纳税银》，这幅画跟《出乐园》一样，是 1428 年创作于卡尔米内教堂布兰卡契礼拜堂的一幅壁画，故事为耶稣带门徒布道，路经一个关卡，收税人上前拦住他们的去路要收丁税，耶稣问彼得：“你说我是谁？”彼得答：“你是基督。”耶稣说既然是上帝的儿子就不能交丁税，但不交税又无法过关，因此吩咐彼得去池塘里捕鱼，说鱼嘴里有一块银币可作税钱，彼得依言行事，最终从鱼嘴里取出银币交给收税人。

《纳税银》一画选择的主题在艺术史上并不常见，马萨乔之所以会选择这个主题，据说是因为当时教宗马丁五世出台了一项协议，规定佛罗伦萨教会应当服从国家税收。当时佛罗伦萨公国与米兰战事正紧，需要得到教宗的支持，而该画的委托人费利切·布兰卡契是个丝绸商人，同时也是佛罗伦萨海事理事会的成员，他意图通过该画表明自己支持这项协议的态度。

有趣的是，在这幅有着戏剧性冲突的宗教故事画中，马萨乔很低调地将自己也置入了画中。据画家瓦萨里等人猜测，《纳税银》最右端的人物便是马萨乔的自画像。

马萨乔在另一幅绘画《提阿菲罗之子》中也融入了自己的形象，而且这幅画中以菲利波·布鲁内莱斯基为原型塑造的人物还一定程度上透露了为什么马萨乔会成为欧洲艺术史上第一个掌握精准透视法的画家的秘密。

菲利波·布鲁内莱斯基是与雕塑家多纳泰罗、画家马萨乔齐名的意大利文艺复兴早期的三位大师，比马萨乔大 24 岁，是当时颇具盛名的建筑师与工程师，著名的佛罗伦萨大教堂便是他的设计作品。

佛罗伦萨大教堂又叫“圣母百花大教堂”，被称为“世界五大教堂之一”，始建于 13 世纪末，但由于工程浩大，其后又暴发了可怕的“黑死病”，导致教堂的工期一拖再拖。后来，人们在 1367 年做出决议，想要重新启动工程，开始修建大圆顶部分，可是他们发现原先的设计图纸找不到了。当时，整个佛罗伦萨没有一位建筑师敢挑战这项庞大而复杂的建筑工程，只有天才建筑师布鲁内莱斯基例外。布鲁内莱斯基在考察罗马万神殿时获得了灵感，成功解决了大圆顶的技术难题，并重新绘制了一份施工设计图，使得宏伟的红砖大圆顶终于屹立在了佛罗伦萨大教堂之上。从美学上看，佛罗伦萨大教堂堪称完美之作，以至于米开朗琪罗在模仿它设计了梵蒂冈圣彼得大教堂后不无感慨地说：“可以建得比它大，却不可能比它美。”

布鲁内莱斯基不光是个天才建筑师，还被认为是透视学的发明人，据说历史上第一张运用透视学的绘画，便是布鲁内莱斯基透过佛罗伦萨大教堂的大门描绘对面圣乔瓦尼洗礼堂的写生作品。

马萨乔的《提阿菲罗之子》一画为我们提供了这样一条线索：马萨乔和布鲁内莱斯基应该是朋友，至少是熟人，马萨乔在透视学方面的知识很可能来自布鲁内莱斯基。

不管怎样，马萨乔是艺术史上第一个将透视学及其数学原则广泛运用于绘画的画家，是当时现实主义艺术的奠基者。可惜，这个绘画天才英年早逝，1428 年秋卒于罗马时年仅 27 岁。当布鲁内莱斯基听说这一令人悲痛的噩耗时，曾顿足大呼：“时代的重大损失啊！”

痴迷于科学透视法的三维立体画家

——保罗·乌切洛

画家：保罗·乌切洛（Paolo Uccello，1397—1475）

国籍：意大利

代表作：《圣罗马诺之战》

类型：木板油画

艺术风格：佛罗伦萨画派

大师的门徒

15世纪的佛罗伦萨画坛人才济济，除天才人物马萨乔外，保罗·乌切洛也是个绕不开的人物。

保罗·乌切洛出生于佛罗伦萨一个普通家庭，父亲多纳·迪·保罗是一名理发师兼医生，保罗·乌切洛原名为保罗·迪·多纳，意为“多纳之子”，后来因喜欢画鸟改成了“保罗·乌切洛”，在意大利语中，“乌切洛”是“飞鸟”的意思。

和当时许多家庭的孩子一样，乌切洛生活于商业极度繁荣、手工业蒸蒸日上的佛罗伦萨。乌切洛一开始所学的手艺非常实用——年少时，他曾被送去一家作坊当学徒，学习金银工艺。虽然乌切洛日后没有成为一名金银匠，但此番学习却成为他走上绘画道路的桥梁，因为他的老板或者说老师不是普通人，而是日后大名鼎鼎的青铜雕刻家洛伦佐·吉贝尔蒂。

提起吉贝尔蒂，不得不说的一件事就是1401年为制作佛罗伦萨大教堂洗礼堂青铜双扉大门举行的那场竞赛。在这场竞赛中，年仅23岁的吉贝尔蒂以天才的设计和精湛的青铜雕刻能力，击败了当时赫赫有名的建筑师布鲁内莱斯基，从而一举成名。此后，从1403年起，吉贝尔蒂花费了整整21年的时间来完成佛罗伦萨洗礼堂第二道门的制作。从1425年起，他又花费了27年的时间完成了洗礼堂第三道门的浮雕制作。这项浩大的工程可以说耗尽了吉贝尔蒂一生的心血，但也为他赢得了毕生荣誉。尤其是第三道门的浮雕制作，其精美的工艺和浓郁的现实气息，使得后来者米开朗琪罗钦佩万分，忍不住称赞它为“天堂之门”。

乌切洛比吉贝尔蒂年轻19岁，他去吉贝尔蒂的作坊当助手时，恰逢这位大师忙于创作佛罗伦萨洗礼堂的浮雕的时候。艺术是相通的，更何况良好的绘画造型能力是成为一名卓越雕刻家的基本功。追随吉贝尔蒂这样一位极具才华的大师，乌切洛在绘画上就有了极高的起点，他日后在绘画创作中极力追求人物形象的逼真，也是受到了老师吉贝尔蒂的影响。

有趣的是，乌切洛虽出于雕塑大师门下，但并没有传承吉贝尔蒂的衣钵成为一名卓越的雕刻家，这或许是因为他对雕刻不感兴趣，也可能就他对艺术领域的另一门类——绘画更感兴趣。不管怎样，最终，乌切洛离开吉贝尔蒂，加入画家行会，不久又投于绘画大师马萨乔门下，成为马萨乔少有的弟子之一。

“透视法是我最可爱的情人”

虽然马萨乔是老师，乌切洛是学生，不过从年龄上看，保罗·乌切洛比马萨乔还要大 4 岁。乌切洛比马萨乔出道晚，在创作才华上似乎也要略逊一筹，不过在佛罗伦萨画派中，乌切洛这只“飞鸟”以其独特的方式为自己谋得了名扬后世的地位，那就是对透视法孜孜不倦的追求。

美术上的透视法，指的是运用线条与色彩，在二维平面上营造出具有深远空间感的视觉效果。从很早的时候起，艺术家就已在竭力探索绘画上的这一技法，只是那时人们尚未掌握焦点透视法，因此只能根据近大远小的感官认识，在画面上对事物的形状与大小做出一个大致的安排。当画面上涉及多个物体时，画家们则往往运用散点透视来表达——这样的空间透视关系，在中国和日本的传统绘画中非常常见。

到了 15 世纪，随着数学科学的发展，从乔托对透视的最初尝试，到马萨乔对透视法的普遍应用、第一次在绘画中引入灭点，艺术家们越来越追求画面表达的真实效果。当时探索透视法的艺术家为数不少，乌切洛不是其中最早的，却是这些人中对透视法的钻研最为执着、最为痴迷的一个。乌切洛说：**“透视法是我最可爱的情人。”**

乌切洛是个理性的画家，他的绘画理想是通过科学方法的运用，使得画面上的物体具有三维空间中的逼真视觉效果。为了实现这个理想，乌切洛开始废寝忘食地反复研究透视法在绘画中的运用，并到了痴迷的程度，以至于后来，身为画家的他不是为了绘画而研究透视法，而是为了研究透视法才进行绘画创作。由于乌切洛将大量时间花在了对透视法的研究上，很少能腾出时间来专心创作，使得他虽然长寿，留下的绘画作品却不多。

对于乌切洛痴迷于透视法这一点，17 世纪的意大利艺术家、米开朗琪罗的得意门生乔尔乔·瓦萨里在他的美术史巨著中如此说道："如果保罗·乌切洛把精力用在描绘人物和动物上，而不是研究透视的细节，白白糟蹋了大好时光，那么他将成为从乔托时代至今最高雅、最富想象力的绘画天才；尽管这些细节是巧妙和美丽的，但一个人对此过分追求，不免是浪费光阴、枉费精力、自讨苦吃……他深居简出，差不多成了隐士，不与外界来往，躲在屋里几个星期甚至几个月不露面，但是如果他把那些时间花在人物研究上，他一定会把人物画得完美无缺。"

成也透视法，败也透视法

正如瓦萨里所言，乌切洛对透视法的钻研似乎有些过头了，他存世的作品不多，但每一幅画都可以说是他研究探索透视法的实验之作。在《林中打猎》《隐士生活图》《圣殿上引见圣母》等作品中，乌切洛从没忘记淋漓尽致地向世人展现他的透视法。而提起乌切洛和他的透视法，最常为后人所引用的，是他的代表作《圣罗马诺之战》。

《圣罗马诺之战》是一组木板油画，共由三幅作品构成，描绘的是佛罗伦萨与邻邦所进行的一次区域性战役，画面中佛罗伦萨军官英勇奋战，将敌人斩于马下。然而，战斗本身并非乌切洛表现的重点，透视法倒是喧宾夺主，成了真正引人关注的焦点，尤其这组画中的第三幅，画面的前景是交战双方：战士们有的骑在马上，有的则人仰马翻，后面是持矛的队伍，地上是横七竖八的武器和盔甲，人物被描绘得极具装饰意味，作为背景的群山和田野经过精心的几何式的抽象处理和透视安排，具有很强的空间幻想效果。从艺术性上看，这幅画的布局较为呆板，人物形象也并不生动，但它夸张的透视效果，却使其成了后世透视学画作的典范。

然而，由于过度强调透视，乌切洛绘画中对人物与景物的描绘有种草草了事的味道，用色单一简陋，线条刻板僵硬，这使他的画作在艺术性上大打折扣，也使得他在绘画成就上无缘跻身一流大师的行列。

不过，保罗·乌切洛对透视法锲而不舍的探索也并没有白费功夫，在那个鲜有人掌握透视法的年代，据说邀请乌切洛作画的教堂正是相中了他的独门绝技——透视法，而乌切洛对这一特长也利用得很好：他往往只为那些大幅壁画打好结构，确定好画面中景物的透视关系，开好这个头之后，剩下的部分则交给助手们去完成，自己将时间节省下来继续与他的“情人”相处。

由于乌切洛的不懈努力，“焦点透视法”终于成为人类绘画的技法理论之一，其研究成果不仅影响了文艺复兴时期丢勒、达·芬奇等画家，还对现代艺术中的立体派画家产生了深远影响。

乌切洛《圣罗马诺之战》

怪诞维纳斯的创造者

——波提切利

画家： 桑德罗·波提切利（Sandro Botticelli，1445—1510）
国籍： 意大利
代表作：《维纳斯的诞生》
类型： 布面蛋彩
艺术风格： 佛罗伦萨画派

凭天才踏入贵族圈的“小桶”

被称为“世界艺术之都”的佛罗伦萨不仅孕育美的艺术，也孕育创造美的艺术家。自乔托、马萨乔之后，佛罗伦萨又诞生了许多杰出的画家，如果说乔托是佛罗伦萨画派的创始人，马萨乔代表着该画派繁荣期的到来，那么桑德罗·波提切利则是15世纪佛罗伦萨画派最后一位大师。

与乔托、马萨乔相比，桑德罗·波提切利的出身要稍微好一点。1445年，他出生于佛罗伦萨一个中产阶级家庭，原名叫亚历桑德罗·迪·马里亚诺·菲利佩皮，父亲是受人尊重的鞣皮匠，他的姓“波提切利”来自弟弟的绰号“波提切洛”，在意大利语中是“小桶”的意思。

作为小生意人，鞣皮匠希望儿子能学一门实实在在可以营生的手艺，但波提切利这只“小桶”并不喜欢老老实实、勤勤恳恳跟随父亲学习鞣皮手艺，从一开始就表现出了对艺术的极大兴趣，常常溜进教堂观摩乔托、马萨乔等艺术大师的画作。凝视着墙上那些巨大的壁画，波提切利也曾如许多不谙世事的孩童一样对这些颜色构成的抽象世界充满了好奇与想象，并在不知不觉间受到了熏陶。

当波提切利稍微长大一些时，他被送去和一个金银匠学习金银首饰的制造。从赚钱的角度来看，当一名金银匠是个不错的选择，但显然，他对此毫无兴趣。有一天，当波提切利拿起画笔，在洁白的纸上画下第一根线条时，内心的那种喜悦告诉他——没错，这正是自己将来要做的事！

波提切利坚定地选择了自己的人生方向，并努力创造学习艺术的条件。一次偶然的机遇，他结识了当时名满全城的著名大画家菲利普·利皮。利皮是个僧侣画家，他出身不凡，老师是大名鼎鼎的佛拉·安基利科。由于善于刻画人物肖像和生活细节，利皮成了当时佛罗伦萨僭主美第奇家族最青睐的画家之一。

有这样渊源颇深的师承，再加上非凡的天赋和后天努力，波提切利很年轻时就成了佛罗伦萨有名的画师。1470 年，25 岁的波提切利开设了个人绘画工作室，正式开启了以绘画为生的艺术生涯。不久之后，因结识了洛伦佐的表弟，波提切利跟美第奇家族建立起了良好关系，订单源源不断，事业开始风生水起，当他结识了洛伦佐本人之后，人生更是走向了巅峰。

说起洛伦佐，他不是寻常人物，而是佛罗伦萨历史上“伟大的洛伦佐”。他的“伟大”不是因为继承了佛罗伦萨首富——他的太祖父乔凡尼·美第奇留给他的庞大银行产业，也并非年仅20岁就继承了祖父柯西莫·迪·乔凡尼·德·美第奇在民众支持下驱逐阿尔毕齐家族而在佛罗伦萨建立起的僭主大权，而是凭着自己杰出的外交才能，与原本支持罗马教廷的那不勒斯国王费迪南德一世缔结合约，从而挫败了想要刺杀他的教皇的阴谋，维护了佛罗伦萨的地位与和平。

洛伦佐不光在政治上富有才能，在文化上也修养深厚。自成为佛罗伦萨的新领袖之后，他支持新柏拉图主义，扩大祖父柯西莫建立的美第奇家族图书馆，派人从东方找回大量古希腊著作，并雇佣大量工人将这些著作抄写后传播到整个欧洲，大大促进了人文主义的发展。

此外，洛伦佐还精通音乐、建筑和哲学，他用托斯卡纳方言写诗来歌颂生活，其诗歌造诣堪与意大利一流诗人相媲美；他也颇喜好艺术，在乔治·瓦萨里的《著名画家、雕塑家、建筑家列传》中，常常以伯乐身份出现。洛伦佐不光是个慷慨的愿意为艺术家一掷千金的伯乐，还是艺术家们的保护人，尽可能地为有才华的艺术家创造艺术创作的优渥条件。尽管在政治上洛伦佐是独裁者，但对待艺术家，他从不居高临下，而是充分尊重其人格，让受他赞助、受他保护的艺术家可以像男子汉一样和他并肩站在一起。他的宫廷为艺术家们开放，他还经常介绍其他贵族成为这些艺术家的赞助人，有时，他还会写诗与他喜欢的艺术家开玩笑。例如，洛伦佐就曾拿“波提切利”这个姓氏写了一首一语双关的打油诗来调侃在美第奇宴会上胃口大开的波提切利：

波提切利，他的名声可不小，
波提切利，我得说，他真是贪得无厌。
他比苍蝇更性急、更轻率，

我记得他做过的傻事有多少。
如果他受邀赴宴，
主人再三思虑后才邀请了他，
他绝不会张开嘴巴说话，
他连想都不会想，因为嘴巴早已填塞满。
到来时他是一只小桶，
离开时这只小桶将满载而归。

总而言之，洛伦佐·美第奇是世上最为难得的伯乐，用曾受益于他的艺术大师米开朗琪罗的话概括，他是一个“伟大、华丽”“慎重、冷静”的人。正因如此，他的宫廷艺术家不在少数，桑德罗·波提切利、列奥纳多·达·芬奇、安德烈·德尔·委罗基奥等日后赫赫有名的人物，都曾受他的赞助与保护。而波提切利凭借其绘画上的极高天赋，成了洛伦佐最喜爱与欣赏的一名画家。

由于受到洛伦佐的重视，波提切利的身价与地位迅速上升。当波提切利漫步在庇护人的雕塑花园，享受着烤孔雀之类的奢华珍馐，与整个佛罗伦萨最具声望的名流侃侃交谈时，回想起父亲那个臭气熏天的皮革厂，这个鞣皮匠的儿子该多么庆幸自己当年做出的选择！

阴谋与报复

洛伦佐待波提切利不薄，波提切利当然也懂得知恩图报，他常常替洛伦佐在各大家族间斡旋，充当信使，有时也受委任去完成一些分外的外交使命。当然，他的本职还是画师，作为一名艺术家，波提切利对洛伦佐的美第奇家族最好的回报，或说最大的敬意，莫过于将洛伦佐和他的家人画入自己最为看重的作品中，他创作于1475年的《三贤士朝圣》就是这样一幅作品——在这幅画中，波提切利细致入微地刻画了圣母和圣子，并巧妙地将几乎所有美第奇家族的成员安排进了画作，这些成员的动作与神态各异，无不透露出高贵典雅的气质。当然，波提切利并没有“公而忘私”，他在这群地位显赫的人物中间为自己也留出了一席之地——画作最右边那个穿芥末黄色长袍、眼睛直视前方，仿佛在挑衅地看着观众的家伙，便是他自己。

波提切利《三贤士朝圣》

《三贤士朝圣》不仅让波提切利声名鹊起，更为他赢得了洛伦佐的进一步信任。不久之后，波提切利接到了一个特殊订单——受美第奇家族委托，绘制一幅关于阴谋与报复的画——《被处决的人》。

这件事缘起于帕奇家族与美第奇家族由来已久的恩怨。为了反对美第奇家族对佛罗伦萨的统治，帕奇家族勾结美第奇家族的仇敌——教皇西克斯图斯四世和比萨大主教，意图使佛罗伦萨改朝换代，于是秘密谋划了一场刺杀行动。1478 年 4 月 26 日，当洛伦佐和弟弟朱利亚诺在佛罗伦萨大教堂举行大弥撒时，刺客凶狠地袭击了兄弟俩，朱利亚诺当场被刺身亡，洛伦佐也受了伤，不过他带伤逃走，在教堂的小礼堂躲了起来。刺客找不到洛伦佐，于是走向中央广场，试图发动群众一同反叛，结果被支持美第奇家族的佛罗伦萨民众铐上铁链拖走了。对于这些反叛者，侥幸死里逃生的洛伦佐丝毫没有手软，当天晚上就对他们施以了绞刑。

《被处决的人》这幅画，正是为纪念帕奇家族的反叛阴谋破裂而作，想必画面充满血腥。后来，随着美第奇家族的衰败，这幅画遭到了毁坏，现如今已经见不到原作。但波提切利为美第奇家族绘制的另一幅寓意更为隐晦的画作，却一直保存至今，这幅画就是世界名作《春》。

《春》是波提切利的代表作之一，创作灵感来自诗人波利齐安诺的作品。在波提切利之前，大多数画家都还在画千篇一律的圣经故事，而《春》却从宗教画的题材中跳出来，并改变以男性为主的画风，以当时被称为异教的古希腊神话为主题，用精湛的笔法描绘了六位颀长优雅的女神：画面左边三位是带给人间美与欢乐的美惠三女神，右边两位是花神和春神，中间那位则是体态丰腴的、象征美与爱的维纳斯。

在这幅作品中，波提切利用颇具节奏感的线条，充分表现出女神曼妙的身姿及其富有动态、宛若波纹般从身上掠过的纱衣，再配上开花的草地、结果的树林，画面洋溢着盎然生机，充满诗情画意与闲散优雅的气氛，美不胜收。与六位女神相比，画面中的两位男神——赫尔墨斯和风神则被安排在最左边和最右边，显然居于次要位置，这在绘画上可谓是一种大胆创新。

有人说，《春》是波提切利为庆祝洛伦佐的表弟结婚所画；也有人说，它为洛伦佐的城堡别墅所画，怀孕的维纳斯与生机勃勃的春天，正是蕴含着朱利亚诺复活、美第奇家族不朽之意。不管寓意和用途为何，正是《春》这幅作品令波提切利名声大噪，为他在画坛奠定了大师的地位。

波提切利《春》

怪诞维纳斯的诞生

自古希腊以来，维纳斯这位象征美与爱的女神就一直是艺术家创作的母题。早在公元前 4 世纪，古希腊雕刻家普拉克西特列斯就创作了一件维纳斯下海沐浴的圆雕《尼多斯的阿佛洛狄忒》，作品中的维纳斯亭亭玉立、全身赤裸，她一手向前，一手将衣服搭在花瓶上，左脚稍稍抬起，重心落在右脚上，整个身体形成一条优美的曲线，成为美的使者。后世描绘维纳斯的画作亦不少，波提切利创作于 1485 年的《维纳斯的诞生》是其中最为杰出的作品之一。

《维纳斯的诞生》和《春》一样，都属于波提切利创作成熟时期的“古典神话”系列作品。在画面中，如明月一般姣美的维纳斯诞生于海中，她站在一片贝壳之上，由西风神夫妇吹向幽美的岸边；在陆地上，花神已扬起大氅，做好了迎接她的准备。

波提切利笔下的维纳斯没有古典雕像固有的庄重与矫健，也没有迎合此前文艺复兴绘画中充满蓬勃朝气的人物特征，但也并非萎靡不振的堕落形象。她秀美、清纯，有着独特的气质、体态与神韵，一头潇洒飘逸的金发和逾越自然人体比例的身材，使她看上去充满了浪漫与理想色彩。不同画家笔下的维纳斯各不相同，波提切利的维纳斯被认为是美术史上最优雅、最美妙的一个。

有意思的是，乍看之下美丽动人的维纳斯却经不起细看。如果仔细打量，你会发现这个美丽的女神长得是如此怪异：她的身体比例失调，她没有肩胛骨，也没有胸骨，脖子长得骇人；她的左臂从身体一侧垂下来，看上去像是长在腰上；她浑圆的胸部显得过小且过于靠下，肚脐在腹部的位置又显然过高；她的重心过于倾向左髋，看上去似乎站立不稳，马上就要从贝壳上掉下去……

令人惊讶的是，如此怪诞的长相，却丝毫没有掩盖维纳斯的美丽，反倒使她从众多维纳斯中脱颖而出，成为其中最具魅力的一个，令人不得不佩服波提切利的才能。

不过，波提切利在维纳斯身上倾注的不只是才能。

据说，《维纳斯的诞生》中女神的原型，是波提切利所倾慕的一个女子，名叫西莫内塔。她出生于一个富商家庭，既端庄秀丽，又温柔多情，还拥有倾城的美貌，当时有不少画家描绘过她，不少诗人赞颂过她。当她来到佛罗伦萨时，洛伦佐兄弟同时爱上了她，而她最终选择了具有浪漫情怀的弟弟，并获得了“美的皇后”的称号。不幸的是，正如一句话所说：“她把我们带入一种无限的遐想之中，但她却无法把握自己的命运。”这位绝世美女年纪轻轻就患了肺结核，并于 1480 年病逝。

和许多具有很高审美的男人一样，在见到西莫内塔第一面时，波提切利就被她迷住了。对波提切利来说，西莫内塔宛若神话中的女神高高在上，只可在宴会上远观，永远也不可能得到。爱情是艺术的催化剂，无法得到西莫内塔的波提切利只好以一个画家的方式来爱她，将她画在自己的作品中，让她成为象征爱与美的女神，让她在自己的画作中得以永生。

波提切利《维纳斯的诞生》

凄凉的晚年

1492年4月的一天，“伟大的洛伦佐”因久病不治去世。两年后，被人们称为“倒霉蛋”的洛伦佐的长子皮耶罗把佛罗伦萨城拱手交给入侵的法国军队，怒不可遏的佛罗伦萨人冲进美第奇宫，美第奇家族成员在仓皇中只好逃往国外避难。不久，一个名叫萨伏那洛拉的修士凭借雄辩的才能说服法国人离开佛罗伦萨城，从而被对他感恩戴德的百姓拥戴为佛罗伦萨城新的统治者。

萨伏那洛拉是个非常虔诚而狂热的天主教徒，他不理解意大利文艺复兴运动的进步性，甚至憎恶人文主义者，认为这些异教徒败坏了社会、文学艺术和宗教教义，他也看不惯天主教会的腐败行为，将社会普遍的堕落归咎于高层教士的腐败。在掌握佛罗伦萨大权之后，萨伏那洛拉坚持禁欲主义，企图通过教会改革复兴宗教，并以佛罗伦萨为中心，建立一个提倡俭朴节欲的神权国。

由年轻人组成的“守护天使”整天在大街小巷巡逻，但凡见到穿着奢华艳丽或暴露之人、佩戴珠宝之人就立刻上前去横加干涉，他们还私闯民宅搜查与享乐有关的“不正经”的物品，如扑克牌、化妆品、色情文学书籍等，没收后将这些物品投入“虚荣的篝火”中焚为灰烬。曾经自由开放的佛罗伦萨城一下子变了味儿，仿佛一夜间回到了严肃刻板、由神权统治的压抑的中世纪。

此时，享受了半生浮华的波提切利已经步入半百之年。在这政权更迭的乱世，他失去了倚靠了二十几年的庇护人和赞助人，二十多年来他早已经驾轻就熟的绘画也遭到了禁止。为了生存，波提切利不得不迎合禁欲主义的潮流转向宗教画，据说甚至还亲手将自己的许多作品投入“虚荣的篝火”中。过往的奢华生活如过眼云烟转瞬逝去，波提切利勉强靠卖画为生，日子越过越清贫。

不过，萨伏那洛拉这个禁欲过头的外来修士并没有在佛罗伦萨待太久，他的宗教改革遭遇了滑铁卢，他自己也被反对派拉下政坛并处以绞刑。从美第奇家族被驱逐到萨伏那洛拉被杀，前后不过短短三四年时间。

佛罗伦萨的不断变天对波提切利的创作形成了重大干扰，令他对人生感到迷惘。谁会是下一个统治者？佛罗伦萨的命运又将何去何从？他不知道。命运的多变让他疲惫而厌倦，虽然才五十几岁，可他的创作欲望与灵感却在这动乱与恐慌中耗尽了。在生命中的最后十几年，波提切利虽然偶尔提笔，但再也未能画出杰出的作品。他曾经如此显赫，老年时却被时代所遗忘。1510 年，终身未娶的艺术大师在凄苦中孤独地离世，死后葬于奥尼桑提教堂，他的大名一直沉寂了三百多年，直到 19 世纪，拉斐尔前派的画家重新发现了他，桑德罗·波提切利的名字才重新被世人所熟识。

翁布里亚画派的杰出代表

——弗朗切斯卡

画家：皮耶罗·德拉·弗朗切斯卡（Piero della Francesca，1410—1492）

国籍：意大利

代表作：《乌尔比诺大公及其妻肖像》

类型：坦培拉，油画

艺术风格：翁布里亚画派

佛罗伦萨的客人

在意大利中部亚平宁山脉的脚下，有个阳光明媚、风景迷人的小镇，据说公元 10 世纪时，有两个朝圣者从耶路撒冷将耶稣的遗物带回此地，因此它被命名为圣塞波尔克罗。圣塞波尔克罗靠近阿雷佐城，距离佛罗伦萨、锡耶纳、佩鲁贾等古城都不太远。受周边地区的艺术熏陶，尽管小镇在 14 世纪时遭遇了地震，但仍留下了许多经典的哥特式建筑以及文艺复兴时期的建筑，彰显出厚重的文化底蕴。而小镇之所以扬名世界，则主要是因为这里出了一位文艺复兴时期的艺术大师——弗朗切斯卡。

一如托斯卡纳其他小镇，圣塞波尔克罗的工业十分繁荣，当地有许多居民从事商业活动并因此发家致富，弗朗切斯卡的父亲就是其中一名较为成功的商人。因家境优渥，弗朗切斯卡从小受到了良好的教育，并对艺术表现出了浓厚的兴趣。年轻时，为追求艺术，他与当时许多年轻的艺术家一样，前往“艺术之都”佛罗伦萨观瞻、学习文艺复兴早期艺术大师们的杰作。

在人文荟萃的佛罗伦萨，一座座教堂便是一座座向公众开放的顶级艺术殿堂，不光这些教堂的建筑设计出自大师之手，教堂内的壁画也无不是大师们留下的杰作。在弗朗切斯卡于佛罗伦萨短暂驻足的几年中，马萨乔已经去世，而乌切洛、安基利科、布鲁内莱斯基等艺术大师仍活跃在各自的领域。年轻的弗朗切斯卡一边频繁地光顾那些存留着乔托、马萨乔、布鲁内莱斯基等大师手迹的教堂，仔细推敲学习这些画作背后的创作手法，一边则通过广泛交游，结识不同画派的画家，最终兼容并蓄，博采众长，成就了自己独特的画风——一种融合了布鲁内莱斯基式透视法、马萨乔式造型、安基利科式明暗与色彩搭配的华丽、抒情又颇具装饰性的绘画风格。

一个偶然的机会

与其他职业画家一样，成为独立画家之后，弗朗切斯卡为订单在需要艺术的城市间四处奔波，他辗转于佛罗伦萨、佩鲁贾、洛雷托等地，为他人绘制肖像，也为教堂创作壁画。时光在来去匆匆中流逝，不知不觉到了三十几岁的年纪，此时的弗朗切斯卡正值盛年，也迎来了创作上的旺季，然而在那个大师辈出的年代，他的名声并不算特别响亮，因此纵有才华也没有可以施展的空间。

然而，一个偶然的机会令他接到了一个大订单——这一订单的委托人是阿雷佐城的一个富商，他原本请了一位佛罗伦萨的画家为圣方济各教堂的主祭坛画装饰画，可是没几年工夫，这位画家不幸辞世了，临终前只完成了一部分穹顶画。接下来的部分该由谁来完成呢？正当富商想要另寻人选时，有人向他推荐了虽然不太出名却才华横溢的弗朗切斯卡。

在为圣方济各教堂主祭坛创作壁画时，弗朗切斯卡的画风已然成熟，而他的才华如滔滔不绝的泉水不断涌现。他以"耶稣十字架的传说"为题材，大展才华，为圣方济各教堂创作了一组精彩绝伦的壁画，他的名作《示巴女王会见所罗门王》就是这组壁画的一个组成部分。

据《旧约》记载，示巴女王（传说中古代阿拉伯半岛的一个女王）听说所罗门王英明智慧，将国度治理得非常富裕，就带着许多宝石、香料和黄金去拜见所罗门王，亲自用难题考验所罗门王的智慧，但对于示巴女王出的难题，所罗门王无所不答。亲眼见证了所罗门王的智慧，同时他的国家是如此富有、臣民是如此幸福，示巴女王对他钦佩不已，便将大量的宝石、香料和黄金馈赠给所罗门王，而所罗门王也款待了示巴女王，送了她许多厚礼。

古往今来许多画家都表现过示巴女王会见所罗门王的主题，弗朗切斯卡的这幅作品之所以能从诸多同一题材的画作中胜出，归功于画家是个用绘画讲故事的高手——弗朗切斯卡选择用两个事件来表现这次著名的会晤，虽然画面中涉及的人物众多，但他却用一种内在的节奏将两个事件和一群人物组织起来。从艺术性上看，这幅作品造型概括，整个画面用几何图形来处理，整体叙述明确又洗练，丝毫不芜杂，也不拖泥带水。而在用色上，他用灰绿色的背景来衬托妇女们浅绿色与玫瑰色的服装，在视觉上营造出一种浮雕的厚重感。

在圣方济各教堂的主祭坛壁画中，还有一幅十分出色的绘画——《君士坦丁之梦》，这幅画的几何风格依然十分突出，同时还表现出弗朗切斯卡运用色彩与明暗的才能。画中讲述的是君士坦丁大帝在同敌人激战的前夜梦见一位天使向他显示十字架的场景。画面中，君士坦丁大帝正在敞开的营帐里熟睡，营帐外是穿盔甲的士兵，营帐内则是侍奉他的侍从，四周是阒寂的黑夜，手持十字架的天使从天而降，告诉君士坦丁他能够战胜他的敌人。

这幅画的画面符合一贯的弗朗切斯卡式的明确、洗练，完全没有散乱的细节，而是将观者的视线吸引到帐篷、侍者和皇帝身上，而它最大的特色，则在于对光线和空间的处理：夜光照亮士兵的盔甲，凸显出其坚硬的金属质地，天使的形象因光亮显得有些模糊，而四周阒寂的夜色则与被光照亮的帐篷形成鲜明对比，营造出一种神秘的气氛。

此外，弗朗切斯卡创作于圣方济各教堂的其他画作也很精彩，虽然表现主题不同，但都彰显出一种明确有别于其他画家的弗式风采——运用明快的色彩、明确有力的轮廓、朴素的造型，共同营造出一种柔和平静又颇具装饰效果的画面感。

因肖像画名垂后世的夫妇

在完成阿雷佐的这一大订单后，弗朗切斯卡又四处奔波，在不同城市都留下了凝结着他心血的画作。随着他的名声越来越响亮，渐渐地，开始有人找他画肖像了。

弗朗切斯卡不是专门的肖像画家，他的肖像画存世的也不多，但在他为数不多的肖像画中，却有一幅画胜过其他肖像画家的十幅、百幅，被奉为美术史上肖像画中的经典之作——这幅颇具特色且对后世影响深远的画作，便是《乌尔比诺大公及其妻肖像》。

《乌尔比诺大公及其妻肖像》，又名《巴蒂斯塔·斯弗尔萨的肖像》，画中的主角名叫巴蒂斯塔，她出生在离佛罗伦萨不远的一个地方的小统治者家庭，母亲早逝，不久，父亲迎娶了一个比她大 12 岁的女人当她继母。14 岁那年，她嫁给了继母的兄弟——菲德里扣，菲德里扣出生于乌尔比诺公国的公爵府，因为是私生子，童年时的境遇并不怎么好，但他在逆境中不断努力，成年后却成了家族里最有成就与名望的人。菲德里扣不仅是一名杰出的将军，同时也颇具艺术修养，是个伟大的人文主义鉴赏家和赞助家。他在掌握公国大权后，不光重金聘请艺术家修建具有文艺复兴风格的公爵府，还在当地开办大学、修建图书馆，大大促进了当地人文主义的发展。

娶巴蒂斯塔为妻时，菲德里扣已是乌尔比诺公爵的身份，他很爱他的妻子，与她共育有 7 个子女，只可惜巴蒂斯塔福禄短浅，年仅 26 岁就因病去世了。《乌尔比诺大公及其妻肖像》一画，便是菲德里扣为思念亡妻，特意凭请弗朗切斯卡创作的。当然，与此同时，他也不忘请这位他最为欣赏的艺术家为自己画一小幅肖像画。

这两幅肖像画可以说是弗朗切斯卡运用色彩的典范之作，画中人物以侧面出现，表情庄严高贵，圆形轮廓和柔和的明暗渲染使得人脸具有体积感，细腻的笔触使得服饰显得真实而颇具质感，而近景与远景巧妙的颜色对比，则使得整幅画作给人一种纪念碑式的磅礴气势。

如果仔细看，就会发现弗朗切斯卡还是一个极其善于利用细节表达寓意的高手：女主人的发饰和妆容代表了那个时代的流行趋势，她苍白的面孔暗示她已去世，而男主人鼻尖的一块凹陷，则是对他因在一次作战中眼睛受伤做了鼻梁手术一事的真实记录。此外，两幅肖像画的背景也并非随便绘制，从两人身后的自然风光可以看见乌尔比诺公国的地貌，其中还有著名的公爵府，且两幅画的背景可以左右前后连续拼接，大概蕴含着两个家族联姻的势力与财富。

弗朗切斯卡《乌尔比诺大公及其妻肖像》

《乌尔比诺大公及其妻肖像》是两小幅在坦培拉基础上又用油画加工的作品，单幅面积还不及一张4开的素描纸那么大，但弗朗切斯卡却花费了许多年才完成了这两幅肖像画的创作。然而，它们一经完成，立即成了令画坛惊艳的经典之作。而作为这两幅肖像画的主角，乌尔比诺公爵夫妇原本很可能早已被时间之河淹没，但因为这两幅画，他们的面孔被世人所熟悉，成为两张经典面孔，他们的名字也因此流传后世，成了妇孺皆知的公爵和公爵夫人。

最早的美术理论家

15世纪的意大利群星璀璨，出了许多全才大师，他们往往精通自然科学，同时在文学和艺术上也造诣匪浅。生活于那个时代的弗朗切斯卡并非兼有自然科学家的身份，但他对数学中的透视法和几何图形十分迷恋，他也和文艺复兴时期的大多数艺术家一样，用心观察自然，竭力使艺术科学化，或者说竭力用更为科学的方式，而非仅仅靠感觉与灵感来作画。为使自己的画作更符合科学规范，弗朗切斯卡一边创作，一边不断总结在创作中如何更好地运用透视法、色彩及塑造形体的方法。这些绘画中的问题，其实乔托早已在一百年前提出，而乔托之后的画家们则一直在寻求解决的办法，弗朗切斯卡也是其中孜孜不倦的探求者之一。

对一个画家来说，这样的探求没有止境，只叹一生的时光太短，在年复一年、一个订单接着一个订单中，大半生不知不觉就过去了。几十年来，弗朗切斯卡从一个默默无闻的来自小镇的年轻画家，成为当时鼎鼎大名并独具创作风格的成熟画家。他功成名就，同时鬓角花白，精力也大不如前，尤其是年逾六旬之后，因为眼疾，他提笔创作的时间越发少了。虽然心有不舍，弗朗切斯卡仍不得不停止追求了一辈子的绘画事业，任凭那些明亮的色彩从眼前一点点逝去，直至最后只剩下一片黑暗。

命运剥夺了弗朗切斯卡眼前的光明，却赋予他乐观的心性。黑暗没有夺去他对生活的热忱，在失明的情况下，弗朗切斯卡仍写出了《论绘画透视》《论正确的形体》等论文，这些绘画理论著作，是他对自己这一生研究画、创作画的经验总结，对 15 世纪中叶的佛罗伦萨及意大利北部地区的绘画产生了深远影响。

1492 年，正如他默默地诞生于圣塞波尔克罗，82 岁高龄的弗朗切斯卡在静默中离开了这个他曾深爱过、无数次用画笔赞颂过的世界。去世后的几个世纪里，他曾一度被人们所遗忘，直到后印象派大师塞尚的出现，人们才重新注意到这位绘画中色彩运用的天才人物，并将他推上了大师的地位。

智力超群的全能巨匠

——意大利画坛三杰之达·芬奇

画家: 列奥纳多·达·芬奇（Leonardo da Vinci，1452—1519）

国籍: 意大利

代表作:《蒙娜丽莎》

类型: 木板油画

名言:“艺术永远不会结束，只有扬弃。”

《蒙娜丽莎》之谜

伟大的时代诞生巨人，在15世纪群星璀璨的意大利画坛中，列奥纳多·达·芬奇就是一个名副其实的巨人，他与另外两位天才人物米开朗琪罗和拉斐尔一起被并称为“意大利画坛三杰”，由他们所形成的一座座绘画艺术上的高峰令后人难以逾越。

提起达·芬奇，他的大名总是与一幅画紧密相连，事实上，正是这幅画令他名垂后世，成为驰名世界的画坛巨匠，这幅画就是法国卢浮宫的镇馆之宝《蒙娜丽莎》。

众所周知，《蒙娜丽莎》因画中女子神秘的微笑而驰名世界。据考证，画中女子为佛罗伦萨商人拉乔康达的第二任妻子，她模样端庄、美丽，拥有宽阔的前额、棕色的眼睛、笔直的鼻梁、圆圆的下巴、优美的双手和丰满匀称的身材，而她身上最迷人、同时也最引人遐想的，则是她那似笑非笑的表情。蒙娜丽莎的微笑被后世美术史家称为“神秘的微笑”，甚至有人专门对此微笑做过研究，认为它含有83%的高兴，9%的厌恶，6%的恐惧和2%的愤怒。

为什么蒙娜丽莎的微笑会如此复杂我们不得而知，但据说为捕捉这魅人的微笑，达·芬奇当年着实费了一番功夫。他用亚麻布盖住窗户营造出晕柔的光线，还在四周装上喷泉、摆上模特最喜爱的花草，甚至还请来乐师、歌唱家和喜剧演员逗趣。当然还有另一种说法：蒙娜丽莎的微笑是偶然为之的结果，达·芬奇原本只想表现模特哀伤的表情，作画时这位美丽少妇可爱的幼子刚夭折不久，她还沉浸在巨大的悲伤之中。

这幅杨木板油画的尺寸和当时多数肖像画一样并不太大，却耗费了达·芬奇多年的时间。达·芬奇之所以画得那么慢，除了他原本就有着诸事多头并进的习惯，还在于为了达到理想的画面效果，他选择了自己独创的晕染法来创作。《蒙娜丽莎》画中的人物和背景都是达·芬奇用数十层极薄的油彩一点点覆盖上去的，而每一层油彩的风干时间往往需要数月，并且在作画时，必须等到第一层颜料风干之后才能进行下一步着色。达·芬奇之所以选择如此麻烦的晕染法创作，是因为这种画法有一大好处，那就是可以通过柔和的光线创造出一种神秘的气氛，用达·芬奇自己的话说，就是**“如同烟雾般，无需线条或界限”**。

《蒙娜丽莎》之所以成为世界名作，除了达·芬奇高超的绘画技巧、照相机般对模特肖像细致入微的描摹以及蒙娜丽莎迷人的微笑，还因为它背后藏着许多未解之谜。

蒙娜丽莎究竟是谁？

她真的是拉乔康达的第二任妻子吗？

为什么达·芬奇在完成这幅作品后没有将它交给委托人，而是始终将它保存在自己身边，临终前却把它送给了男性助手莎来？

现代艺术家杜尚给蒙娜丽莎加了两撇胡子后说她越看越像男人，莫非蒙娜丽莎真的是被达·芬奇画作女人模样的男人？

一位法国工程师用高级多光谱相机发现，在人们最为熟悉的最外层的蒙娜丽莎之下还藏着另一张脸，这张被隐藏的脸与人们所见到的蒙娜丽莎几乎一样，但面色红润，眼睛所看的方向不同，脸上表情也不同，并且拥有淡淡的眉毛。那么，蒙娜丽莎为什么变了样？她的眉毛为什么消失了？

借助显微镜，意大利国家文化遗产理事会主席西尔瓦诺·温切蒂还发现，油画中蒙娜丽莎的眼睛里藏着肉眼看不出的微小字符，她右眼球上的黑色“LV”字样恰好是列奥纳多·达·芬奇的姓名首字母，而左眼球上和画作的其他地方也藏着一些数字或字母样符号。达·芬奇究竟想借助这些谜一般的存在表达什么？这些神秘字符又究竟藏着怎样的画家不愿意或不可以直接说出的秘密呢？

藏在《蒙娜丽莎》油画中的秘密令后人浮想联翩。为得到答案，学者们展开了种种研究，据说与此相关的著作所耗费的纸张需砍伐一片森林来制造。

逃离佛罗伦萨

达·芬奇自小就展现出非凡的绘画天赋，在邻里之间享有“绘画

达·芬奇《蒙娜丽莎》

神童”的美誉。

据说在达·芬奇14岁那年，父亲皮耶罗·达·芬奇曾受一个贵族委托，要画一幅盾面画作为家族标志，皮耶罗想考察一下儿子在绘画上天赋如何，于是决定让达·芬奇试一试。大约一个月后，达·芬奇充分利用自己的想象画出了一个吓人的蛇发女妖美杜莎，然后他将这幅画放在房间里对着门的位置，并将窗帘拉上一半，让外面照射进来的光线正好落在妖怪身上。做好这些准备之后，达·芬奇邀请父亲到他的房间里来看画。皮耶罗不知道达·芬奇叫他去做什么，当他打开房门，一眼看见黑暗中那个面目狰狞的女妖时，不禁吓得大叫起来。正因为这件事，皮耶罗确信儿子在绘画上天分超人，于是决定送他去佛罗伦萨跟随委罗基奥学画，达·芬奇从此走上了艺术道路。

然而，尽管达·芬奇才华盖世，他的人生境遇却十分坎坷。

首先，他是个私生子。父亲皮耶罗·达·芬奇是佛罗伦萨一个颇为有名的公证人，母亲则只是一个普通农妇。达·芬奇的母亲或许拥有出众的姿色，或许在其他方面有出众的才能，因此被公证人看上了，但无论是因为门第悬殊，还是因为公证人是个拈花惹草的花花公子，压根儿就没打算将她娶进门，总之，这个可怜女人一辈子都未能获得合法妻子的地位。

达·芬奇出生后一直跟着父亲生活，却又无法与父亲公开相认，直到多年之后，皮耶罗才公开承认达·芬奇是他的亲生儿子。在被父亲认可之前，年幼的达·芬奇被安置在祖父的庄园里，既得不到父亲的关爱，也得不到母亲的呵护——这样的境遇，对他内心造成了不小的创伤。

1469年，达·芬奇从距离佛罗伦萨60英里的芬奇小镇来到艺术中心佛罗伦萨跟随名师委罗基奥学画。提起芬奇，其实人们一直对“达·芬奇”的名字存在误解，事实上，达·芬奇应叫列奥纳多，他在一份法律文件上的署名为“列奥纳多·瑟·皮耶罗·达·芬奇”，意为“一个来自芬奇的名叫皮耶罗的人的儿子列奥纳多”。不过，既然人们都叫他达·芬奇，我们也就将错就错，继续使用这个约定俗成的称呼。

言归正传，达·芬奇的老师委罗基奥是佛罗伦萨画派的重要画家之一，与波提切利、基尔兰达约等知名画家生活于同一时期，是一位对雕塑、绘画和工艺美术样样在行的通才。达·芬奇无与伦比的天赋，在当委罗基奥的助手时就已展露无遗，他在委罗基奥门下学了 3 年绘画，20 岁就自立门户成了独立画家——这一切似乎预示着达·芬奇的人生即将有一个良好的开端，然而事实并非如此。童年时家庭不完整带给他的创伤始终如影随形，令他对女人怀有厌恶情绪，对男人的兴趣远远高于女人。

15 世纪 70 年代，当年轻的达·芬奇独自在佛罗伦萨闯荡时，佛罗伦萨仍处于洛伦佐·美第奇统治的时代，洛伦佐崇尚新柏拉图主义，统治下的社会风气自由而开放，同性之间的恋情是被允许的，只是同性之间的行为受到法律约束。1476 年，列奥纳多·达·芬奇与其他四个年轻人一起被公开指控犯有鸡奸罪，这令他名誉扫地，还被逮捕监禁了起来。后来，由于和他同时被指控的其中一人背景深厚，达·芬奇在受到警告后被释放了，但他仍旧我行我素，在往后的许多年里似乎还有许多段与同性之间的恋情。这种不被世人所容忍的感情很明显影响了达·芬奇的事业和前途，据说达·芬奇突然丢下几幅未完成的画从佛罗伦萨逃走就与此有关。

在米兰的时光

达·芬奇突然离开佛罗伦萨来到米兰是在 1482 年，这一年他恰好 30 岁。

米兰位于意大利北部的伦巴第平原，当时文艺复兴思潮已经由南方蔓延至北方，米兰就是意大利北方的文艺复兴重镇。来到米兰之后，达·芬奇的事业几乎从零开始，不过这对他来说并非难事。达·芬奇有着许多过人之处。首先，他是个不折不扣的美男子。人们对达·芬奇的印象很容易停留在他那张一把胡子的自画像上，画像中的达·芬奇有着深邃的眼睛、严峻的面容，看上去颇像一个充满智慧的哲学家。但事实上，年轻时的达·芬奇长相十分英俊，当年他跟随委罗基奥学画时，据说常常给老师当模特。英俊的长相和随和的脾气，给达·芬奇带来了很好的人缘。其次，达·芬奇多才多艺，从他留下来的一厚沓手稿中可以发现，除了绘画领域，他在建筑、雕塑方面，甚至在与绘画丝毫不沾边的医学、生物学、水利工程、机器制造等方面都有着很深的造诣。此外，达·芬奇还有着一副好歌喉，七弦琴也弹得不错，据说当年他初到米兰时，首先是以一个音乐家的身份出现在公众视野中的。

不管怎样，达·芬奇靠着一身才华很快在米兰找到了自己的位置。他的赞助人是米兰大公卢多维科·斯福尔扎，这位因为头发和肤色都比较黑而被称为“摩尔人”的大公跟南方的洛伦佐·美第奇一样，也是文艺复兴时期意大利最杰出的艺术庇护人。正是因为他，15 世纪的米兰宫成了画家、音乐家、诗人群贤毕至的欧洲最光辉灿烂的场所。

或许达·芬奇离开佛罗伦萨来到米兰，正是因为这位大公盛名在外。

来到米兰后，达·芬奇在卢多维科·斯福尔扎帐下倾情贡献自己的智慧与才华，除了弹琴、唱歌、画画，他还为这位在政治上野心勃勃的大公发明了许多兵器——石弩、初级坦克、“喷火式发动机”。斯福尔扎似乎从未制造过达·芬奇发明的这些兵器，但十分欣赏他绘画上的才华。正是在米兰，达·芬奇迎来了他在绘画上的创作高峰，他人生中最重要的几幅作品——《抱银鼠的女子》《岩间圣母》《最后的晚餐》都是在米兰创作并完成的。

《抱银鼠的女子》是达·芬奇除《蒙娜丽莎》之外又一幅杰出肖像画，画的是卢多维科·斯福尔扎的情妇切奇利娅·加莱拉尼。这位女子在米兰以美丽的外貌和丰富的内涵闻名，画中的她高贵、典雅，手上抱着的银鼠则象征着她高贵的身份。这幅肖像画最大的特色在于它运用恰到好处的明暗对比，通过光线和阴影衬托出了模特优雅的头颅和柔美的脸庞。

《岩间圣母》描绘的是圣母子在约旦河边遇到施洗约翰的场面，达·芬奇将四个人物巧妙地安排进一个等腰三角形，圣母的头部正处于三角形的顶点，她正在将左边的圣约翰介绍给圣子耶稣，耶稣旁边是一位美丽的天使，四个人物由不同的动态和手势暗示出相互间的关系，表现了保护、指示、祝福等含义。这幅画之所以被引为经典，在于它有着许多可圈可点之处：首先，画中的花草画得精准如同拍摄，可见达·芬奇功底之深厚；其次，达·芬奇在创作中使用了薄雾法，使得岩壁间的人物笼罩在一片令观者可以感受到的潮湿的空气中；再次，达·芬奇成功地运用左上角的光源和右下角的婴儿来平衡画面，使得该画成为在复杂动态中取得平衡的创作典范。此外，达·芬奇不

达·芬奇《抱银鼠的女子》

达·芬奇《岩间圣母》

落窠臼，大胆将耶稣和施洗约翰处理成幼儿形象这一点也颇值得称道。

达·芬奇在米兰创作的最重要的名作为《最后的晚餐》，堪称是一幅超凡脱俗、几乎完美无瑕的艺术作品。它画于米兰圣玛利亚感恩教堂的饭厅，画中主题并不新鲜，历代画家都表现过，但传统的中世纪画家往往喜欢将耶稣和他的门徒画得安详平静，达·芬奇却别出心裁，选择众门徒在耶稣宣布他将遭到背叛的那一刻的表现下笔，以耶稣为中心，将众门徒以波浪形分列两边，把他们打着手势、议论纷纷及其或惊恐，或愤怒，或惊讶，或怀疑的神色描绘得十分精彩。在达·芬奇之后也有不少画家描绘过同一主题，但都无法逾越达·芬奇的这一画作。达·芬奇的《最后的晚餐》，注定成为艺术史上一座前无古人、后无来者的丰碑。

在法国的岁月

达·芬奇具有令人称羡的绘画天赋，但一生留下的画作并不多。有人将达·芬奇在绘画上的“低产”归咎于他不够专心，兴趣过于广泛。从表面上看，达·芬奇好像的确如此，他做事常常半途而废，有时一件工作刚开了个头就丢下去做别的事情，不过这样做真的有问题吗？或许，这只是达·芬奇喜欢的做事方式罢了。对才华横溢的人来讲，让许多事齐头并进的安排非常正常。

退一步讲，即便达·芬奇作画的确不够专心，如果不是因为时局动荡，那么他在米兰期间应该还能创造出更多、更伟大的作品。比如，在完成《最后的晚餐》之后，达·芬奇曾奉命开始制作一座巨大的青铜马雕塑《葛兰·卡瓦罗》。这是一项浩大的工程，达·芬奇已经为此备好了马雕塑的黏土模型，并设计好了铸造模型。然而，就在最后的雕塑工作即将启动时，意大利政坛发生动荡，法国军队攻入米兰，为对付政敌，大公卢多维科·斯福尔扎拦下了 70 吨原本用来雕塑的青铜，用它们来铸造大炮。《葛兰·卡瓦罗》的雕塑工程不得不中断。更为悲摧的是，当米兰被法国军队攻克后，达·芬奇画于修道院墙上的《最后的晚餐》遭遇了被法国人扔石头的无情袭击，而他的黏土马模型更是成了法国军队练习射击的靶子。

在动荡中失去政权的斯福尔扎被逼交出爵位，他从米兰逃到维也纳避难，并企图反攻，但最终反攻失败，被法国人俘虏后郁郁而终。在这动荡的年代，达·芬奇失去了庇护人，只好又从米兰逃回了暂时还相对平静、安全的佛罗伦萨。

此后数年中，达·芬奇曾多次往来于米兰和佛罗伦萨之间，后来又在罗马生活了一段时日。他很勤奋，一直忙着做这做那——学习解

达·芬奇《最后的晚餐》

达·芬奇《施洗者圣约翰》

剖学，钻研植物学，绘制飞行器草图，起草阿诺河改道方案。当然，他也未曾忘记画画，除了《蒙娜丽莎》，还完成了《丽达》《圣安娜》《施洗者圣约翰》等油画作品。

1516 年，达·芬奇迎来了人生中的转折点——他受法国国王弗朗西斯一世邀请，离开罗马前往法国，以“专属画师”的身份开启了为法国宫廷服务的生涯。此时达·芬奇已经 64 岁，他住在安波斯城法国国王赠送给他的克鲁庄园内，经历了多年动荡的他终于可以享有片刻宁静的生活，可他几乎再未提起画笔——向国王提供建议和策略成了他真正的工作，闲暇时光，他则用来钻研解剖学和对各种机械的研究。

1519 年，这位人类历史上罕有的天才死于中风，他生前所著的数千页手稿向人们揭示了他传奇的一生，也让人发现这位画坛奇才在绘画之外原来有着如此广博的学问与深厚的思想！

脾气火暴的工作狂

——意大利画坛三杰之米开朗琪罗

画家：米开朗琪罗·博那罗蒂（Michelangelo Buonarroti，1475—1564）

国籍：意大利

代表作：《最后的审判》

类型：油画

名言：“我什么都不想，只想夜以继日地干活儿。”

一生的印记

1475年在欧洲艺术史上是极为重要的一年，因为这一年，伟大的雕刻家与画家米开朗琪罗诞生了。

米开朗琪罗生于卡森蒂诺的卡普雷塞，父亲是当地的最高行政长官，是当地最尊贵和古老的卡诺萨伯爵的后裔，脾气暴烈，相当看不起艺术这一行当。奇怪的是，米开朗琪罗上学后只对素描感兴趣，因为这个缘故，父子俩之间冲突不断，少年时的米开朗琪罗没少挨打。在他父亲看来，家里出画家是家门不幸，是一大耻辱。

然而，命运似乎有意做出如此安排，让一个倔强的父亲遇上一个更为倔强的儿子。最终，米开朗琪罗在与父亲进行了多年的较量后获胜，在 13 岁那年来到了佛罗伦萨最大、最好的画室当学徒。

米开朗琪罗的老师多梅尼哥·基尔兰达约是与桑德罗·波提切利同一时期的著名画家，他是一个优秀的画匠，更是一个精明的生意人，当时的比萨、佛罗伦萨和罗马等地有大量祭坛画都出自他的画室。米开朗琪罗是多梅尼哥·基尔兰达约最卓越，也是最著名的学生，然而师徒俩的关系仅维持了一年就分道扬镳了，据说是因为米开朗琪罗这位天才学生实在太过优秀，以至于遭到了老师的嫉妒，因此被“送”出了师门。

在离开多梅尼哥·基尔兰达约的画室后，米开朗琪罗突然从绘画转向了雕塑。关于米开朗琪罗对雕塑的爱好，用他自己的话说：“我奶娘的奶里有凿子和锤子，我用来做我的人像。”（米开朗琪罗出生后不久曾被送到一个石匠的妻子那里喂养）转向雕塑的米开朗琪罗赶上了好时候，当时洛伦佐·美第奇在圣马可花园开办的雕塑学校正急于培养一批卓越的雕塑家。米开朗琪罗来到这里，接受专门的艺术训练。在著名的“美第奇花园”，他不光因得到亲王的宠爱而与贵族子弟们共住宫殿、同席共餐，还接触到大量收藏在那儿的古代艺术珍品——这些都是无价之宝。此外，当时来往于“美第奇花园”的各色顶尖级哲人、诗人与艺术家也无不让米开朗琪罗大开眼界。在这样的熏陶下，米开朗琪罗年少时的作品就已流露出不凡的气质。《半人半马怪与拉庇泰人之战》就是他这一时期的作品，这座浅浮雕彰显出一种不屈不挠的力与美，表现的是少年米开朗琪罗勇敢的心魄及粗犷的人物雕刻手法。

米开朗琪罗的天才是时人所公认的，但他的骄傲与坏脾气却使他成为一个不受欢迎的人。据说有一次，米开朗琪罗同洛伦佐·克雷蒂、布贾尔迪尼、托里贾尼等艺术家一同前往卡尔米内教堂临摹马萨乔的壁画，此间，他因为不时嘲笑和讥讽不及他灵巧的托里贾尼而挨了狠狠的一拳。这一拳是托里贾尼沉默已久之后发出的致命反击，它一下击中了米开朗琪罗的鼻梁，在米开朗琪罗的脸上留下了永久的印记，米开朗琪罗肖像画中鼻子中间隆起的一大块就是明证。事后回忆此事，托里贾尼颇为满意地说："一天，他实在把我惹火了，我大发雷霆，握紧拳头，一拳砸向了他的鼻子。我觉得他的骨头和软骨都像饼干一样被我砸了个稀巴烂。那个家伙会一直带着我给他的这个印记，直到他上西天。"

费石成经典

15 世纪末期，因法国人的入侵和内部政变，佛罗伦萨变得动荡不堪。米开朗琪罗为避战乱曾多次逃离佛罗伦萨，其间他浪迹威尼斯、波隆纳等地，也曾到过罗马，其艺术生涯正是在这动荡的岁月中展开的。其间，他完成了《睡着的爱神》《酒神巴克斯》《哀悼基督》等雕刻作品，在艺术界声名愈盛。

1501 年春，当米开朗琪罗回到佛罗伦萨时，他已是大名鼎鼎的艺术家。这一年，他接受了一桩谁也不敢接手的生意。原来，40 年前，佛罗伦萨大教堂事务委员会将一块巨大的大理石岩块交给阿艾斯蒂诺，命其雕刻一尊先知的塑像，但这一工程开始没多久就停工了，据说是这块大理石材质有问题。此后，也有一些别的艺术家尝试雕刻它，但先后都放弃了，直到自信而无畏的米开朗琪罗重拾这一工程。米开朗琪罗成功找到了雕刻这块巨岩的方法，耗时 3 年，他用他那常人难以

米开朗琪罗雕塑《大卫》

匹敌的天赋将这块差点被废弃的大理石雕刻成了一件艺术史上难以超越的经典雕刻——《大卫》。

大卫是以色列联合王国的第二任国王，容貌俊美、机智果敢，年少时就因杀死侵害犹太人的非利士头领歌利亚而成为英雄。通常，雕刻家们喜欢表现大卫杀敌获胜时的情景，米开朗琪罗却别出心裁，塑造了一个怒目而视、左手扶着投石器、正要投入战斗的裸体青年形象。这座雕塑连基座高 5.5 米，重达 5 吨之多，除了头部比例加大、下肢拉长、手和脚的关节被故意放大以凸显英雄形象外，这座雕像的人体解剖结构精确到无懈可击，而紧张的神情和充满动感的姿势又使得整座雕像充满张力，极富艺术感染力。《大卫》被视为西方美术史上最值得夸耀的男性人体雕像之一，而完成这件经典之作时，米开朗琪罗还不到 30 岁。

在罗马的悲惨岁月

1505 年，一鸣惊人的米开朗琪罗被教皇尤里乌斯二世看上了，教皇把他召去罗马，起初对他很是器重，派他去雕塑有史以来最宏伟的自己未来的坟墓。

米开朗琪罗此时正年富力强，他雄心勃勃，打算大干一场，于是很快就设计出了一份陵墓的草图，其中包括数十位人物。不久，他又亲自去卡拉雷石料场挑选石料，一待就是大半年之久。1505 年底，米开朗琪罗回到罗马，巨大的大理石石材也被纷纷运来，在圣彼得广场上堆积如山。这项浩大的工程开始了。教皇对陵墓工程极为重视，三天两头跑来询问进度，米开朗琪罗也不敢怠慢，已决心将自己盛年最好的时光奉献给教皇。

然而就在此时，不料世事多变，1506 年 1 月，教皇突然改变主意想要重建圣彼得大教堂，他所有的注意力和财力都转移到了这栋建筑上，致使陵墓工程无人问津，不得不停了下来。

米开朗琪罗的突然失宠并非没有原因。他来到罗马后，因其性格火暴、喜怒无常，说话又常常不择言辞，因此树敌不少。在他的对手中，有一名建筑师叫布拉曼特·德·布尔班，因为米开朗琪罗曾批评他在工程中徇私舞弊，他就处处与米开朗琪罗为敌，在背后捣乱。

失宠的米开朗琪罗曾一度逃回佛罗伦萨，但很快就被教皇揪了回去。任性的教皇又下令米开朗琪罗为其塑造一尊青铜巨雕。米开朗琪罗声称自己对铸铜一窍不通，但教皇不允许他拒绝，他只好硬着头皮干了起来。米开朗琪罗在这一工程上耗费了整整 3 年时间，铜像经历失败后终于铸成，但没过几年就被搬去铸了大炮。

1508 年，当青铜巨像终于完成时，米开朗琪罗又接到了一项艰巨的任务——为西斯廷教堂的穹顶作画。在此之前，米开朗琪罗还从未画过壁画，他不擅长此道，也不喜欢，可教皇执意要他来画。米开朗琪罗感到十分苦闷，但不得不再次硬着头皮去干。躺在脚手架上作画极为辛苦，而米开朗琪罗火暴的性格及对工作的挑剔又令他无法与助手和谐共处，他孤身一人，单枪匹马，因为缺乏经验，工作进展很慢，更悲惨的是，好不容易画完的部分还会发霉。转眼一年过去，米开朗琪罗尚未从教皇那里领到一分钱的报酬，而他的三个弟弟却无止境地搜刮他，等着他寄钱回去，等着他为他们谋个体面的职位……

这一切都令米开朗琪罗懊恼不堪，他的精神很不好，由于夜以继日劳作，他的身体也越来越糟，几乎垮掉。

米开朗琪罗《创世记·创造亚当》

然而，正如米开朗琪罗的学生瓦萨里所评述的那样，“仁慈的上帝给尘世送来了一位无所不能的通才”，米开朗琪罗顽强的意志和无师自通的天赋令他战胜了一切，他越画越自信，越画越疯狂，在这项艰巨的任务面前，他不仅没有退缩，反而决定扩大规模，给穹顶四周的墙壁也画上壁画。这项浩大的工程一直持续了 4 年之久，当米开朗琪罗命人撤去脚手架、当他那 500 多平方米的大作呈现在世人面前时，世人无不感到震惊，惊叹只有具有神力的巨人才能完成这样的鸿篇巨制。

被奴役的巨人

当西斯廷教堂的壁画公之于众时，人们争先恐后，纷至沓来，人人诧为奇事。这年 37 岁的米开朗琪罗被誉为“神圣的米开朗琪罗”，成为公认的全世界最伟大的艺术家，奠定了不可动摇的大师地位。然而，因常年超负荷工作，米开朗琪罗的身体变得很糟糕，在壁画完成之前，他曾几度怀疑自己快要死了，但壁画的创造却给了他无穷的力量，使他容光焕发，又开启了新的征程。

米开朗琪罗因西斯廷壁画重新获宠，搁置已久的尤里乌斯陵墓工程再度开启。米开朗琪罗是个完美主义者，为挑选精良优美的大理石耗费了大量时间、金钱和精力，而他努力的成果却再度不幸付之东流——教皇尤里乌斯二世去世了，米开朗琪罗被新教皇利奥十世召去干别的工程，陵墓工程不得不半途而废。

新教皇野心勃勃，想要借助天才米开朗琪罗之手令自己青史留名。米开朗琪罗很快醉心于新的宏伟计划。他的新计划开展得并不顺利，做什么都事必躬亲的弊病把他折磨得病倒了，使他实现心中宏伟蓝图的计划一拖再拖。米开朗琪罗焦急如焚，但为挑选完美的雕刻材料，他仍耗费了数年时光。悲惨的是，教皇缺乏和他一样的耐心，在急不可耐的情况下取消了与之签订的协议。米开朗琪罗为此感到焦躁、气愤、痛苦，可因他自己的固执而错失的青春年华已难以追回。

数年后，“豪华者”洛伦佐·美第奇的侄子由红衣主教升为新的教皇，再数年后，克莱蒙七世去世，保罗三世接任教皇之位，再后来是儒略二世……米开朗琪罗从一个枷锁落入另一个枷锁，因为备受历任教皇器重而不幸成为被艺术奴役的巨人，他夜以继日地工作，一刻也得不到休息。

米开朗琪罗要做的事情很多，千头万绪，其中不少工程因时局变动，以及他对自己的苛求而变得困难重重、进展缓慢，甚至半途而废。他自己也常常被繁重的工作折磨得焦头烂额，常常一项工程未完成就又转身去做另一项，致使许多工程已经开启却未能顺利竣工。然而，这并不影响米开朗琪罗的伟大，如他为新教皇克莱蒙七世雕刻的《大卫·阿波罗》，这件未完成的作品成了日后矫饰派雕刻家模仿的榜样。再如，他为美第奇家族陵墓创作的雕刻群因克莱蒙七世的去世未能最终完成，但已完成的《昼》《夜》《晨》《暮》四尊大理石雕像则一诞生就成为经典——《昼》是一尊男性人体雕像，仿佛刚从睡梦中被惊醒，他用手臂支撑着身体，扭转头，望向《夜》的方向；《夜》是一尊身体颀长的女性雕塑，脚下是一只猫头鹰，身后是一副可怕的面具，她正在沉睡，或许噩梦缠身，身上松弛的肌肉令人想到岁月易逝、生命短暂；《晨》则与《夜》相反，虽看上去睡眼蒙眬、欲醒未醒，却丰满而结实，散发出青春活力；《暮》则是一个上了年纪的健壮的男子，一脸苦闷，仿佛陷入了沉思当中。

米开朗琪罗不光是画家和雕刻家，同时也是哲人和诗人，这些冰冷的大理石雕像里铸入的不仅是米开朗琪罗的辛劳、汗水和才华，更是他对生命的感叹与思考，是他内心全部浪漫、激情与理想的寄托。

曾有人如此写诗来赞美《夜》：“《夜》，你看到如此甜美地睡着的《夜》，是由一位天使在这块岩石上雕成的；因为它睡着，所以它活着；如果你不信，请唤醒它，它会同你说话。”

米开朗琪罗却用诗句如此回复：“沉睡是甜蜜的，成为顽石更是幸福，只要世上还有罪恶与耻辱，不见不闻，无知无觉，于我是最大的快乐。不要惊醒我，啊，讲得轻些吧。”

《最后的审判》

转眼，米开朗琪罗快 60 岁了，但教皇克莱蒙并不打算让他退休养老，相反，他要抓紧时间让米开朗琪罗尽情释放他的才华，因为这样的天才人物百年一遇，再不抓紧就来不及了。于是，米开朗琪罗又领到了一项新任务，为西斯廷教堂圣坛所在的主墙画一幅巨型壁画——

《最后的审判》。

米开朗琪罗一边为《最后的审判》设计草图，一边陷于尤里乌斯二世未完成的陵墓工程所带来的纠纷，不得不天天为此辩解，寻求解决的方案。不久，克莱蒙七世过世，他所委任的正在进行的工程不得不停下来，米开朗琪罗以为自己终于可以专心于尤里乌斯二世的陵墓工程，但新教皇保罗三世又召他去做新的项目……一切仍是千头万绪、十分纷乱。但米开朗琪罗最终成功说服保罗三世，令自己有足够的时间来从容地完成《最后的审判》。

此时，距离米开朗琪罗创作西斯廷教堂天顶画已过去 20 多年，米开朗琪罗在绘画上的技艺已精进了不少，而生命的积淀又令他的思想更为深邃、情感更为炽烈。壁画工程于 1534 年动工，米开朗琪罗热情洋溢地在那面巨大的墙壁上挥洒才华，画下了天国的天使、为世人受难的耶稣基督、受裁决的人群和悲惨的地狱景象。这气势磅礴的鸿篇巨制是他自己一生的总结，是他全部情感和思想的寄托，也是他在绘画上抵达的又一座高峰，远远超越了 20 多年前令他名满天下的天顶画。

全部用裸体来表现《最后的审判》证明了米开朗琪罗的大无畏精神，但此时的意大利已悄然进入文艺复兴运动的尾声阶段，保守气氛日益浓厚。米开朗琪罗满墙的裸体被人指斥为“奇耻大辱”“不配一个教皇的礼拜堂，只配澡堂或酒馆”。更有甚者用尖刻的言辞批评他暴露了圣徒和殉道士的裸体，说：“为了不看到这些东西，就连妓女也会避移目光。”经过一番激烈的争论之后，教会高层裁定这些人物形象过于淫秽，并雇佣那些画技不及米开朗琪罗的画家为一丝不挂的裸体加上遮盖物。

米开朗琪罗《最后的审判》

教会的此举在米开朗琪罗内心激起了怎样的感情我们不得而知，只知道再伟大的画家也不得不向现实的权威低头——此后作画时，米开朗琪罗聪明了许多，主动为人物加上了衣物。

完成《最后的审判》后，米开朗琪罗依旧没有闲着，他继续拖着瘦弱的病躯以画家、雕刻家、建筑师的身份工作了数十年之久，直到1564年以89岁高龄去世。他去世后，佛罗伦萨人和罗马人争抢埋葬他以获取荣誉。最终，他的遗体被其侄子偷偷运出罗马城，被埋葬在了佛罗伦萨的圣十字大教堂。

古典美的标尺

——拉斐尔

画家: 拉斐尔（Raphael，1483—1520）

国籍: 意大利

代表作:《西斯廷圣母》

类型: 油画

艺术风格: 文艺复兴

佛罗伦萨的画坛新秀

意大利的乌尔比诺城有个名叫乔瓦尼·德·桑蒂的画家，为人优雅而智慧，虽然他在画坛默默无闻，上苍却赏赐给了他一个完美的儿子。这个孩子是他唯一的孩子，诞生于 1483 年一个不平凡的日子——耶稣受难日，他给孩子起名为拉斐尔。

由于从小在父亲身边耳濡目染，年幼时拉斐尔就已显露出出众的绘画才华。身为画家的乔瓦尼亲自调教，当拉斐尔还是个孩子时，就让拉斐尔作为助手参与他的许多创作。当拉斐尔稍长一些时，乔瓦尼深知自己的才华和技艺有限，为让孩子有一个广阔的前景，他特地奔赴佩鲁贾，希望当时在画坛首屈一指的彼得罗·贝鲁吉诺能收儿子为徒。彼得罗·贝鲁吉诺对这位谦逊又友善的同行很有好感，很爽快地接收了拉斐尔这个徒弟，同时还与乔瓦尼结为好友。

和许多天才人物一样，拉斐尔的艺术创作开始于对老师的模仿。他是个颇具天赋的聪明人，不久就把贝鲁吉诺的才能都学到了手，他年轻时为佩鲁贾圣方济各教堂画的一幅油画风格与老师的作品极为相似，几乎可以乱真。不久，拉斐尔离开老师贝鲁吉诺，开启了独立创作的绘画生涯。

拉斐尔《自画像》

从拉斐尔作于1506年的《自画像》可以看出，年轻的拉斐尔长得仪表堂堂、十分俊美，此外，据与他同时代的画家瓦萨里描述，他天性谦逊、善良、和蔼大度，待人接物总是满面春风。作为男人，拉斐尔有着浪漫风流的天性，深受女人们喜爱；作为朋友，他谦恭有礼、落落大方，又极富才华，善于跟教皇、贵族、艺术家和平民等各个层次的人打交道，有着极好的人缘，无论走到哪里都大受欢迎；作为画家，他才华横溢，更为可贵的是他还十分勤奋，愿意谦逊地向一切高于自己的艺术家学习。他原本在锡耶纳作画，在听闻列奥纳多·达·芬奇和米开朗琪罗两位前辈的名声后当即撇下能为他带来丰厚收入的工作，来到艺术之都向两位大师朝圣，当然也不忘向马萨乔等前辈汲取绘画的精髓。

在佛罗伦萨，拉斐尔很快凭借他的才华和个人魅力打开了市场，他与大画家基尔兰达约的儿子里多尔福·基尔兰达约、基尔兰达约的学生乌迪内、画家阿里斯托蒂莱·达·圣加洛等年轻画家结为好友，同时也结交了不少商界和政界的知名人士。有许多人请他作画，他的画作因精妙优雅而大受欢迎。

总之，拉斐尔从一开始就十分顺利，生活风生水起，事业如鱼得水。

虽然拉斐尔因为能惟妙惟肖地模仿老师贝鲁吉诺而名声大噪，但他没有停留于此，而是一直在努力摆脱老师的影响。在佛罗伦萨的那几年，拉斐尔通过不断向身边的优秀艺术家学习，最终博采众长，将文艺复兴思想和艺术的成果化为己用，从而得以摆脱老师苛细、生硬、单弱的绘画缺陷，从而形成了自己的风格。如他创作于1504年的《圣母的婚礼》，这幅画是拉斐尔对贝鲁吉诺作品的模仿，实际却已显露出拉斐尔绘画创作中独有的柔美之风，在艺术上超越了老师。而数年后

拉斐尔《金翅雀圣母》

他在佛罗伦萨及佩鲁贾创作的作品，如《金翅雀圣母》《卡尼贾尼圣家族》《基督的埋葬》等作品，则进一步展现了他和谐、优美、圆润、典雅的风格。

独步画坛

1508年，对拉斐尔来说是至关重要的一年，因为这一年，他受同乡兼好友布拉曼特之邀动身去了罗马，在那里，他完成了多幅令他日后驰名世界的杰作。

布拉曼特是当时备受教皇尤里乌斯二世宠幸的卓越建筑师，心胸开阔、助人为乐，虽然他与脾气火暴的米开朗琪罗交恶，处处有意为难米开朗琪罗，对拉斐尔却一片赤诚。当教皇尤里乌斯二世决定聘请画坛最杰出的匠人来装饰和美化梵蒂冈宫的时候，布拉曼特认为这是一个扬名立万的绝佳机会，于是立即写信把这一消息告诉了拉斐尔，希望他可以到罗马去一试身手。

拉斐尔为人低调谦逊，但这并不代表他在艺术上没有野心。事实上，同任何一个有追求的艺术家一样，拉斐尔很想在世人面前证明自己的才华。他丢下在佛罗伦萨干了一半的工作，飞快赶到了罗马，生怕错过这一大好时机。

当拉斐尔赶到罗马时，梵蒂冈宫的许多面墙壁的壁画已经动工，有几面墙甚至已经即将完工。教皇尤里乌斯二世委任拉斐尔为梵蒂冈宫的签署房绘制壁画《雅典学院》，于是拉斐尔很快动手干了起来。

拉斐尔来到罗马这年，恰是米开朗琪罗接手西斯廷教堂天顶画的这年。当米开朗琪罗因为布拉曼特的故意为难及缺乏壁画绘制经验而一筹莫展时，拉斐尔的绘画工程却进展得十分顺利，他胸有成竹地在签署厅的墙壁上井然有序地画上了神学家、哲学家、数学家、语言学家、占星学家、天文学家……所有人都位于一座有着阿波罗和雅典娜精美塑像的恢宏建筑内，层层拱门直通远方的天际，柏拉图和亚里士多德位于这座建筑的正中央，似乎正在激烈争论什么哲学命题，而其余人也用特定的姿态表明了各自的学说和身份。除了古代圣贤，拉斐尔也不忘画上一些当代名人，其中就有好友布拉曼特和他自己。画作很好地运用了透视法，每个人物都被刻画得栩栩如生、楚楚动人。这幅壁画一完成就造成了轰动。拉斐尔因此在教皇那里受到了专宠。

除了《雅典学院》，拉斐尔创作于梵蒂冈宫的另外两幅湿壁画《巴尔纳斯山》和《圣典辩论》也十分成功。创作这些杰作时拉斐尔才不过二十几岁，此时画坛巨匠达·芬奇远在北方的米兰地区，以雕刻为主业的米开朗琪罗则尚未向世人展现他在绘画上的才华与功力，因此在南方，拉斐尔几乎在画坛独步天下，其名声盖过了当时所有的画家。

女人呵，女人

在罗马一举成名后，拉斐尔变得异常忙碌起来，罗马的圣奥古斯丁教堂、阿里切利教堂、富商阿哥斯蒂诺·基吉的祈祷室……到处都在等着他。一些不那么重要的画作，拉斐尔打完草稿后交给助手们去完成，自己则留出时间来完成那些重要的订单。

拉斐尔是描绘女人的高手，他画有多幅圣母子图，如《金翅雀圣母》《草地上的圣母》《椅中圣母》《阿尔巴圣母》等，虽题材相仿，人物形象却变化多端，绝不千篇一律。拉斐尔笔下的圣母完美无瑕，她美丽、端庄、慈爱、善良，有着世俗女性的母性与温情，同时又带有几分贵族气派。

在拉斐尔创作的圣母中，最为著名的当数《西斯廷圣母》。创作这幅画时拉斐尔恰值而立之年，正是生命中创作的黄金时期。他将画面设计为一个广阔的舞台，当绿色的帷幕拉开，圣母抱着圣婴从云中走来，她的面庞温柔而眼神坚毅，嘴唇仿佛在微微颤动，可看出她决心为人类福祉牺牲儿子时内心的坚定与痛楚。圣母子的身上散发出金色而温和的光芒，其下是代表人间权威的教皇和代表寻常百姓的圣女渥瓦拉，教皇身披华贵衣袍、心怀虔敬之情恭迎着圣母子的到来；圣女渥瓦拉则妩媚动人，她扭头看着两个可爱的小天使，身上彰显出无限温柔与母性，十分惹人怜爱。

除了教堂壁画和祭坛画，拉斐尔也画有不少肖像画，如《巴尔达萨雷伯爵》《红衣主教肖像》《尤里乌斯二世肖像》等。这些画作都十分精美，不仅显示了拉斐尔卓越的绘画技能，同时也反映出他广泛的交际。在所有肖像画中，有一幅十分特别，这幅肖像画名为《弗纳里娜》，画的是一个面包师的女儿。

画中这位名为弗纳里娜的女子美貌而性感，画像中，她身后象征爱情的植物以及她手臂上赫然可见的写着拉斐尔大名的蓝色带子，若隐若现地表达着她与画家之间非同寻常的关系。据说这位面包师的女儿是拉斐尔的秘密妻子，因迫于世俗压力，拉斐尔一直向世人隐瞒这层关系。

拉斐尔与弗纳里娜的关系似乎从另一件事可以得到佐证——众所周知，拉斐尔风流倜傥、英俊潇洒，既有着贵族气质，又有着深厚的学养和卓越的才华。可是，这样一个人见人爱的万人迷到了三十几岁

拉斐尔《西斯廷圣母》

拉斐尔《弗纳里娜肖像》

却不曾成婚；生前，拉斐尔曾有一个未婚妻，此人乃罗马教廷红衣主教的侄女玛丽亚，有着十分显赫的家庭背景，但拉斐尔却对这桩婚事一拖再拖，最终也未与玛丽亚成婚。

无论拉斐尔与弗纳里娜的关系究竟如何，他风流成性这一点是不容置疑的。据说他为好友阿哥斯蒂诺·基吉饰绘府邸时，曾因陷入一场无法自拔的恋爱而无心工作，为了府邸的绘画工程尽快完工，阿哥斯蒂诺不得不亲自出马，想方设法帮助这位多情的老兄俘获美人心。

风流可以看作一种浪漫，有时却极为危险。1520 年的耶稣受难日，37 岁的拉斐尔毫无征兆地突然患病身亡。根据瓦萨里描述，拉斐尔是因为放荡过度，而后又向医生隐瞒实情致使误诊而害死了自己。但也有人称瓦萨里的说法纯属无稽之谈，真正害死拉斐尔的是颜料中的水银和铅，这些有毒物质令他不幸患上了肺病。不管怎样，这个活得不像一个画家，而像一个王子的命运的宠儿在盛年巨星陨落，令整个罗马城痛惜不已。拉斐尔死后被埋葬于罗马万神殿内，生前一生顺遂，死后也荣光无限。他优美的诗一般的绘画在他身后数百年仍熠熠生辉，他所确立的美的样式被后来的学院派古典主义奉为标准之一。

威尼斯画派的创立者
——乔凡尼

画家：乔凡尼·贝利尼（Giovanni Bellini，1430—1516）
国籍：意大利
代表作：《神的欢宴》
类型：油画
艺术风格：威尼斯画派

威尼斯的绘画世家

在意大利东北部亚得里亚海的沿岸，有一座被称为“亚得里亚海明珠”的水上城市——威尼斯。这儿的一切都离不开水，它“因水而生，因水而美，因水而兴”，泛着蓝光的海水浸润着、渲染着这里的山，这里的桥，这里的房子，这里的道路，这里的人。海面上、河道里舟船忙碌，载着行人的尖头贡多拉在流彩的水中自由穿梭，与飞扬在蓝天上的白云相呼应，使整座城市焕发出一种如梦如幻的浪漫之情。

然而，这么美的城市却不属于上帝，罗马教皇对这里鞭长莫及，这里的人世俗而自由，他们不受宗教枷锁的桎梏，生活在充满商业气息的繁华绚丽中，生活在充满大自然气息的新鲜空气和灿烂阳光中。

15 世纪时，这座如此别致而充满风情的城市，在文艺复兴的大潮中孕育出了独具风格的艺术画派——威尼斯画派，而乔凡尼·贝利尼便是这一画派的创始人与奠基人。

乔凡尼·贝利尼于 1430 年生于威尼斯有名的绘画世家，当时南方的艺术中心——佛罗伦萨城的马萨乔已经去世，而桑德罗·波提切利的时代还没有到来。贝利尼的父亲老贝利尼——雅克布·贝利尼是一位宫廷画师，年龄与马萨乔相仿，年轻时曾到佛罗伦萨作画，并吸收了那里鲜明的现实主义画风。当老贝利尼回到威尼斯时，他将佛罗伦萨画派几乎人人都在追求的透视法带了回来。老贝利尼流传后世的画作不多，从他留存下来的作品看，笔法较为拘谨，尚未形成独特画风，不过老贝利尼作为一名老师似乎比作为一名画家更成功，他善于运用想象力和创造力作画这一点，以及他从佛罗伦萨学来的那一套，譬如准确的透视与宏伟的画面布局，让两个儿子和女婿受益匪浅。

老贝利尼的大儿子简提列·贝利尼是 15 世纪后期威尼斯的著名画家，年纪轻轻就已成为宫廷画师并享有盛名，他善于全景构图和细节描绘，其代表作《圣马可广场上的游行》被誉为具有珍贵史料价值的写实之作。

他的女婿则是文艺复兴时期的天才画家安德烈亚·曼坦尼亚，17 岁就成为独立画家，开始独自为教堂创作壁画。曼坦尼亚与老贝利尼一家的邂逅是美术史上一次美丽的邂逅，他不仅因此遇见了爱情，还从岳父那里吸收了威尼斯画家细腻的表现手法及佛罗伦萨画派的写实风尚。和那个时代许多画家一样，曼坦尼亚一遇见透视法就对它着了迷，他爱上了透视法，并对它进行了深入研究。随后，他将这一盛行于佛罗伦萨的创作手法与自己所崇拜的古罗马艺术和哥特艺术的精华融合起来，创造了一种线条大胆、轮廓鲜明、色彩强烈、形体颇具雕塑感的绘画风格，最终成为 15 世纪帕多瓦画派最杰出的代表人物。

乔凡尼·贝利尼是老贝利尼的次子，比哥哥小两岁，和姐夫曼坦尼亚同龄。据说老贝利尼为培养两个儿子成为优秀画家，曾有意让两个儿子相互竞争，终于使得两个儿子在保持手足之情的同时又齐头并进。如果说乔凡尼与简提列的艺术风格相似，彼此间更多为竞争关系，那么他与姐夫曼坦尼亚之间则更容易因为画风的迥异而相互学习、相互吸引。在绘画方面，贝利尼在天才曼坦尼亚跟前更多充当的是学生的角色，从曼坦尼亚那里，他学到了如何创作雕塑般的形体及鲜明的轮廓，而曼坦尼亚强烈的色彩感也极大地影响了他。乔凡尼的前期作品，在绘画风格上与曼坦尼亚颇为相似。

乔凡尼此时仍未形成自己的风格，促使他突破父兄的作画传统、在绘画上走向成熟的是他与西西里画家安东奈洛·达·梅西纳的相遇。安东奈洛·达·梅西纳是意大利最早研究油画技法并使油画在威尼斯传播的画家之一，他的油画技法，据说是从油画的发明人——尼德兰的凡·艾克兄弟那里学到的。

当梅西纳来到威尼斯时，他的画风得到了年龄与其相仿的本地画坛新秀乔凡尼·贝利尼的倾慕与喜爱。善于学习的乔凡尼不仅向梅西纳学到了油画技法，还很快将梅西纳绘画中明快的色彩、柔和的笔触和宁静的画风也融合到了自己的作品中。

乔凡尼就像一个大熔炉，他在不断地创作与探索中，将早年习得的多种绘画技法与风格跟自己的灵感和喜好相融合，最终在 15 世纪晚期形成了一种完全属于自己的绘画风格。

乔凡尼《圣母与圣子》

让色彩来说话

模仿只能成为他人的影子，而创新才能成就自己。与所有卓越的大师一样，乔凡尼・贝利尼不仅善于学习，还非常善于创新。他的创新是多方面的，譬如绘画题材的创新，譬如在宗教画中有意识地加入人文主义的元素，又譬如较早地在威尼斯推广用油画来取代蛋彩画……而他最大的成就，则表现在对色彩的运用上。

不得不说，乔凡尼・贝利尼是个驾驭色彩的高手。他摒弃传统，在画作中运用十分明亮的颜色，同时又能使整幅画不至喧闹，呈现出一派宁静、淡雅的风格。这是许多画家所做不到的。

重视绘画中对风景的描绘，是乔凡尼的另一处创新。当时，在文艺复兴的浪潮中，人成为各学科关注的焦点，无论是传统题材的宗教画，抑或是表现世俗生活的画作，无不以表现人为中心。绝大多数画家耗费大量精力与心血来表现人，以尽可能将人这一主体表现得生动与深刻，对背景的处理往往较为简单，根本无暇细细描摹。乔凡尼・贝利尼却别出心裁，即使画圣母，也不忘将她置身于美丽的风景之中。

可以想见，一个同时重视色彩和风景的画家手下将诞生怎样绝妙的作品！

乔凡尼热爱大自然，热爱美，他就像一位大自然的搬运工，将意大利北部纯净湛蓝的天空、充满水汽的洁白云朵、峰峦起伏的浅蓝远山、覆盖着棕黄色土壤的植被稀疏的山冈、巨大而坚固的灰白色石头、墙壁厚实窗户很小的中世纪塔楼统统搬进自己的画作中。但他从不随意组合这些事物，而是严格遵照大自然原本该有的样子来呈现彼时的

乔凡尼《神的欢宴》

风景与光线。他运用颜料表现户外光线的能力是如此出众，以至于观赏者不光能从他的画作中辨认出季节，甚至还能分辨出当时处于一天中的哪个时辰。

乔凡尼·贝利尼的代表作品《神的欢宴》是他大胆采用外光，运用明朗、鲜艳色彩的典范之作。

这是一幅大型布面油画，取材于古罗马诗人奥维德的诗歌，画的是希腊神祇中的男女众神欢聚于意大利北方一片山林中的情景：穿着红袍，腰间挂着一个小酒桶，左手扶着驴背的是畜牧神潘的儿子西勒诺斯；西勒诺斯的右手边是长着尾巴和山羊蹄子的半人半兽萨提尔；西勒诺斯的左手边，那个只露出一个脑袋的家伙是畜牧农林神福纳斯；而跪在西勒诺斯前面、头戴葡萄藤环的是小酒神狄俄尼索斯，这会儿他正拿着酒壶，专注地在酒桶前打酒；小酒神左手边那个背靠酒桶、头上戴着一顶锃光发亮的盔形帽的家伙，是鼎鼎大名的神使赫尔墨斯；此外，还有穿绿衣的海神波塞冬，其身后弯身吹笛的牧神潘，手拿谷物的丰饶女神德莫忒尔，穿蓝衣并正在演奏乐器的太阳神阿波罗，一手扶树、正凝视着、似乎正欲挑逗醉酒女神的果园保护神普里阿普斯——而这位高大英俊的青年竟然是小酒神的儿子！当然，诸神中绝对不能少了统领诸神的众神之王宙斯——画面中央那个穿红衣、右手举杯啜饮的家伙就是他。

《神的欢宴》据说是由乔凡尼的高足——历史上大名鼎鼎的画家提香所策划的，然而仍旧由乔凡尼本人亲自执笔完成。创作这幅画时，乔凡尼·贝利尼已是耄耋老人，但他宝刀未老，将平生所擅长的光与色运用得十分灵活自如，暖色调的众神的皮肤与冷色调的背景相称又彼此相融，画面中的天气是如此晴朗，风景是如此优美，诸神是如此欢快自由，不禁令人心驰神往，也想要马上收拾行装去阳光大好的户外走走看看。

《神的欢宴》还有一大特色，就是一股浓郁的扑面而来的世俗气息。倘若不是乔凡尼特意为诸神添加了暗示其身份的标志，谁又会想到这不是一幅一群闲人在山林中嬉戏游玩的写生画呢？诸神的欢宴其实就是人间欢宴，这种用明亮色彩来描绘人间欢乐的作画风格，是威尼斯赋予乔凡尼的，它所反映的，正是那个时期威尼斯的富足以及生活于此的人们对欢乐的追求、对生活的满足。

水和田园

柔软的水塑造了威尼斯城，同时也浸润了生活于此的一切，乔凡尼·贝利尼生于威尼斯，长于威尼斯，水已成为他生命与创作的源泉。如果仔细观察，你可发现乔凡尼对水的喜爱，喜欢将自然风光引入绘画中作为背景的他，在画作中总是离不开对水的表现。

如《主显圣容》一画，描绘的是耶稣带领三位门徒彼得、雅各和约翰到高山祈祷，其时耶稣突然变了相貌，脸面明亮如日头，衣裳洁白如光，摩西、以利亚忽然出现，同耶稣说话这样一则圣经故事。在这幅画中，三位门徒匍匐在地，耶稣站在高高的山石上，他的两侧站着摩西和以利亚，他的背后则是汹涌而来的滔滔海水，海水流经城市，一直到耶稣所站的山石之下，它虽然声势浩大却并不可怕，因为它滋润了山下的土壤，使得门徒们脚下的山石长出了树和美丽的花草。又如《阅读中的圣杰罗姆》一画，坐在石头上阅读的圣杰罗姆脚下有一口方井，而他所处的洞穴之外，清晰可见一座石头拱桥、平静如镜的水面及远处淡蓝色的宁静海湾。再如《基督受洗》《园中祈祷》等画作，也随处可以见到多水的威尼斯的影子。

乔凡尼对水是如此钟情，他的作品总是湿漉漉的。当他不画海港和河道时，他会以水的另一种形态——云，来呈现威尼斯的灵魂。乔凡尼的每一幅画中几乎都会有云出现，哪怕是没有任何风景的肖像画，如他创作于早期的《红衣男子肖像》，其蓝色背景中仍不忘用翻滚的云朵来点缀。

除了水，乔凡尼还对田园和山林情有独钟，而这些景象又并非完全以写实的方式进入他的画中。乔凡尼不光拥有一双灵巧的双手，使得他可以自如运用各种绘画技法来进行创作，同时他还拥有一颗诗人的灵魂，他的内心对纯净的事物充满向往与追求。因此，所有入画的景象已经被他萃取过，它们成为理想的田园与山林，充满了宁静、淡雅的诗意，尽管它们在形象上看上去是那么真实。

乔凡尼创作于 15 世纪 80 年代的《忘形状态的圣方济各》就是这么一幅充满诗情画意的作品。在绘画中，因追求苦修而隐居郊外的圣方济各俨然以一个诗人的形象出现，他置身于一片宁静祥和的田园风景中，金色的阳光照亮他的脸和脚，照亮他的长袍，照亮他身后巨大而坚实的白石，也照亮远处的田野和更远处的中世纪城堡，而简陋的书桌上放着书和骷髅。这被阳光照亮的一切形成浑然一个整体，仿佛圣方济各的沉思从他的脑海一直蔓延到了四周。用风景来营造氛围，并使之与画中人物的精神状态紧密结合在一起，是乔凡尼·贝利尼的绝技之一。

在人才济济的 15 世纪的意大利画坛，乔凡尼或许称不上天才，也算不上最杰出的人物，但勤勉令他多产，好学使他具有深厚的素养，令他博采众长。乔凡尼非常长寿，一直活到86岁，有了前半生的积淀，从50岁起，他迎来了创作高峰，画出了许多精彩画作。

乔凡尼·贝利尼成为大师并非偶然。在他生活的时代，威尼斯作为亚得里亚海滨的港口城市，在东西方航海贸易中占有极其重要的地位。从事贸易的商船来来往往，形形色色的人在这里登陆又从这里离开，为威尼斯带来了异国风情，带来了极大财富，也带来了各地的文化和艺术——来自罗马的，古希腊的，佛罗伦萨的，西西里的，当然还有遥远的东方艺术。威尼斯是开放的、自由的，它包罗万象，又具有自己的特色，这里风光优美，阳光明媚，云和水成为城市的灵魂，生活在此的人们过得安逸而富足，他们有着优雅、奢华的仪态，追求享乐与华美的排场，并且商业的极度繁荣，社会风气的宽松和自由，又使这里的人充满世俗追求，他们没有那么深厚的宗教情怀，比起出钱资助教堂湿壁画的创作，倒情愿将一幅丝毫没有说教意味的风景油画或裸体油画挂在自家墙壁上。当然，这也与威尼斯气候潮湿，因此不适宜湿壁画的创作这一现实有关。

总之，基于上述种种原因，再加上乔凡尼·贝利尼自身的才华和机遇，晚年时，他成功地开创了独具风格的威尼斯画派，并为这一全新的画派奠定了基调：它追求大自然的美丽风光，追求热烈明朗的色彩，追求享乐主义的情调，并倾向于在画布上创作油画。

在乔凡尼的努力和影响下，威尼斯画派开始以一种充满诗意的浪漫姿态，成为与佛罗伦萨画派、翁布里亚画派等地方画派齐名的意大利文艺复兴时期最重要的画派之一。乔凡尼·贝利尼有幸在生前目睹了自己的成功，当他还在世时，德国伟大的版画家丢勒曾如此评价他：**“乔凡尼·贝利尼虽已老，但他仍是最好的画家。”**

风度翩翩的才子画家

——“架上画的先行者”乔尔乔涅

画家：乔尔乔涅（Giorgione，1477—1510）

国籍：意大利

代表作：《三个哲学家》

类型：油画

艺术风格：威尼斯画派

渲染气氛的高手

15 世纪中后期，文艺复兴运动在意大利发酵一百多年之后终于结出硕果：在南方，艺术中心佛罗伦萨城诞生了达·芬奇、米开朗琪罗和拉斐尔三位艺术巨匠；而北方的威尼斯画派也不逊色，诞生了乔尔乔涅、提香和丁托列托等可以与南方大师媲美的画坛巨匠。

乔尔乔涅是继乔凡尼之后威尼斯画派的又一重要人物，并且是从贝利尼风格过渡到全盛时期的关键人物。甚至有这么一种说法：乔尔乔涅才是第一个真正的威尼斯画派画家。他出生于 1477 年威尼斯附近一个名叫卡斯特弗兰科镇的乡村，比米开朗琪罗小 1 岁，比拉斐尔大 7 岁，比他的师弟提香大 14 岁。他的父亲只是一个普通农民，但

乔尔乔涅《暴风雨》

这并不妨碍他成为绘画界的天才。他很聪慧，很努力，很开朗，也很好学，最关键的，还在于他遇上了一个好时代。在他出生时，来自威尼斯艺术世家的乔凡尼·贝利尼正在逐渐形成自己的作画风格，当他处于创造欲和想象力极为强烈的青年时代时，乔凡尼·贝利尼已经用自己成熟的风格开创了威尼斯画派，乔尔乔涅得以站在巨人的肩膀上，最终青出于蓝而胜于蓝。

作为贝利尼的学生，乔尔乔涅继承了贝利尼油画创作的技法，同时成了“架上画的先行者”。

和贝利尼一样，乔尔乔涅也喜欢用优美的风景来做绘画背景，但他比老师更进了一步——他破天荒地将原本起烘托作用的背景放到了与人物同等重要的位置，甚至让风景居于首位，而画中人物却似乎只是为了画作的完整性而随意添加的，他们没有什么出处，也不具有说教的功能，人物与风景浑然融为一体，相互呼应，只为美而存在。在乔尔乔涅之前，还从来没有人这么干过。

此外，乔尔乔涅的风景不仅画得优美，而且对光线与色彩有着出色的处理，流淌着浓浓的诗意，能令人感受到或宁静或躁动的气氛，紧紧地吸引住人们的眼球，令观者被绘画中的气氛打动，宛若置身其中。

譬如《暴风雨》一画，这幅画的背景与人物处于同等重要的地位，称得上一幅独立的风景画。在画中，乔尔乔涅将暴风雨来临时黑压压的天空、翻滚的乌云、电闪雷鸣的景象、矗立在低矮天空下的高大的树、在电光中发亮的建筑废墟等地面景象描绘得十分传神，令人仿佛能感受到暴风雨来临前的潮湿、烦躁与沉闷，能听见从远处传来的隆隆雷声。

那么，乔尔乔涅为何如此钟爱画风景？又是如何把风景画出境界的呢？

除了受老师乔凡尼·贝利尼的影响，乔尔乔涅的成功更多归因于他的天赋。他是一个天才，一个善于观察、感受、捕捉并将他所观察到的、感受到的、捕捉到的用画笔呈现在画布上的天才。他这种天赋的获得，和他从小生长于威尼斯恬静优美的乡村不无关系。从《田园合奏》《三个哲学家》《沉睡的维纳斯》《暴风雨》《朱提斯》等画作中，我们可以看到乔尔乔涅曾经生活过的威尼斯乡间的风光，同时也可以想见，当他还是个乡村少年时，他那双聪慧的眼睛一定曾无数次专注地凝望过故乡充满诗意的美丽田园，而他那敏感的内心也一定无数次沉醉其间，不断品味、体验着不同时节、不同气候带给人的丰富感受。

大自然的美丽景象就像空气般浸润着乔尔乔涅的生命，它们经过时间的萃取和净化，终于成为他生命的一部分，当乔尔乔涅成为画家后，它们又成了他画作的灵感与灵魂。

谜一般的存在

如果说 30 岁之前乔尔乔涅的许多作品中仍有不少老师贝利尼的影子，那么 30 岁之后，他则在吸收丢勒、达·芬奇等人的绘画精髓之时已开始逐渐形成自己的风格。他突破传统束缚大胆创新，创作出一种形体、色彩、线条和景色的层次高度统一的完美画作，年纪轻轻就已超越老师贝利尼，成为大师级人物。

然而，人们很难还原乔尔乔涅这个天才人物的一生，因为历史上记载他生平的资料少得可怜，人们只知道他有着当时典型的威尼斯青年的气质：性格随和、具有幽默感、风度翩翩、追求享乐。

据说乔尔乔涅是个享乐主义者，贪杯又纵情，还很讨女人喜欢。不过，乔尔乔涅没在享乐中堕落，而是始终保持着精神上对理想美的追求，他涉猎绘画、诗歌和音乐多个领域，还结交了许多人文主义学者，最终使自己成了一个有才华、有思想、善交际又幽默风趣、懂得浪漫生活的人。

“乔尔乔涅”意为“明朗”“幽雅”，乔尔乔涅的性格恰如其名。不过在明朗的外表之下，乔尔乔涅又有着神秘的一面。

首先，他专注于潇洒生活的同时始终保持着冷静与低调，不像多数画家那样热衷于在自己的作品上署名，这导致他去世后许多作品真伪难辨。

其次，乔尔乔涅的神秘，还体现在他的一些画作中。

比如《暴风雨》一画，这幅油画创作于乔尔乔涅 30 岁左右，作品右侧描绘了一个正给孩子喂奶的美丽少妇，她的对面是一个手持兵器的士兵，画面的中心是远处的风景和建筑物：小桥流水、翻滚的乌云、天空的闪电、残断的圆柱……

这个喂奶的少妇是谁？

她和对面的士兵是什么关系？

为什么要将画中人物置身于可怕的暴风雨下的废墟中？

这幅作品究竟有着怎样的寓意？

为揭开谜底，后人对此作了许多研究与猜测。有人认为暴风雨是一种警示，意在预言国内将有不测风云；有人认为画中闪电代表的是宙斯或朱庇特，此画描绘的是迷人的凡间女子塞墨勒被宙斯用闪电击中后受孕怀上酒神狄俄尼索斯的神话。然而到了 20 世纪，当人们用

X 光照相机对《暴风雨》做出分析时，发现画中穿红衣男子的位置上，曾画过一个沐浴的裸女。那么，乔尔乔涅为什么要将裸女换成一个手持兵器的年轻男子呢？

乔尔乔涅已逝，他创作的动机无人能解，这幅画的名字也无从得知，后人只能根据画中风景将它起名为《暴风雨》，而它的主旨至今仍是未解之谜。

无独有偶，同《暴风雨》一样充满神秘色彩的，还有《三个哲学家》。画面中，远处是晴朗的天空，近处幽暗的岩洞里，三个人位于高大的树下，年轻的哲学家仿佛在独自沉思，而中年哲学家和老年哲学家则似乎在交谈。有人从三个哲学家不同的年龄得出乔尔乔涅意在以三个人物暗喻人生的三个阶段，也有人通过三个人的外貌和着装，认为乔尔乔涅所画的三个人代表了中世纪哲学、东方哲学和人文主义思想。而这幅画究竟有着怎样的深意呢？恐怕只有乔尔乔涅自己才说得清楚。

田园诗与享乐

乔尔乔涅是个画家，同时还有诗人和音乐家的身份。因此，他的画作总是洋溢着浪漫与理想主义的情愫。最能体现他浪漫情怀的，莫过于《田园合奏》这幅画。

《田园合奏》又称《乡村音乐会》，画中有着优美的威尼斯乡村风景，阳光被流云遮蔽，带烟囱的房舍和村外的道路很安静，似乎人们正在屋子里睡午觉。而树下的草地上，坐着两个年轻的游吟诗人在弹琴唱歌。他们身边是两个裸体女子，有着美丽的容貌和丰满、优雅的身材，水润光洁的皮肤呈现出宛若黄金一般的色泽。她们其中一个正从嘴边移开芦笛，仿佛正在聚精会神听两个年轻男子弹奏音乐；另一个拿着光洁的玻璃器皿，正从大理石方井里汲水，从她的动作中，仿佛能听见清澈的水流从玻璃瓶中淌出的清脆的声音。绘画中的音乐无处不在，除了游吟诗人的弹唱，女神奏出的自然之声，还有画作右侧远处的牧羊人在演奏风笛。

有人认为《田园合奏》是乔尔乔涅幻想中的美妙生活，也有人认为两个看上去充满高贵、华丽气质的女神是两位游吟诗人歌唱的内容。无论怎样，这幅画作风景与人物相互交融，且充满恬静、祥和的气氛及浪漫情调，不啻为彰显 16 世纪威尼斯人审美理想的典范之作，带给人一种宁静、愉悦且有着梦幻之美的感官享受。

这幅画创作于乔尔乔涅 34 岁之时，对后世影响深远。300 年后，法国著名画家马奈的名作《草地上的午餐》就是从《田园合奏》获得的灵感。

除了《田园合奏》，乔尔乔涅还有一幅浪漫的画作——《沉睡的维纳斯》。维纳斯作为爱与美的化身，历来是艺术家颇为喜爱的主题，可以说，每一个画家笔下都有一个属于他自己的美丽维纳斯。波提切利的维纳斯是他热切暗恋的美女西莫内塔，乔尔乔涅的维纳斯则是他十分钟爱的一个情人。

与前辈画家不同的是，在乔尔乔涅之前，画家们总是在作品中为女神维纳斯设计出种种神话故事情节，乔尔乔涅却将维纳斯从故事里解救出来，让她静静地憩息于风光秀丽的威尼斯旷野，让她祥和地沉睡在美妙的梦境中。她裸身躺着，什么也没做，画中既没有故事，也没有情节，这么一个安静的维纳斯，她是如此美丽，起伏的身躯曲线与背后的优美景色相互呼应，带给人无限遐想与美的感受，成了美术史上最经典、最神秘、最浪漫的维纳斯之一。

创作《沉睡的维纳斯》时乔尔乔涅 34 岁，此时他的技法已十分高超，绘画风格也已十分成熟。他的画作在形体、色彩、柔和的线条和景色的层次上都达到了高度统一，而他将全裸的女人体作为绘画主体的表现形式在美术史上成了一大创举。

乔尔乔涅是个用画笔抒情的高手，可惜这个浪漫的集画家、诗人与音乐家为一体的大才子在人生最高产的 34 岁那年遭遇了极大的不幸。据说，画中维纳斯的原型，也即乔尔乔涅深爱的情人于这一年染上了瘟疫，不久又把这可怕的疾病传染给了乔尔乔涅，导致这位天才英年早逝。

1510 年乔尔乔涅去世时，《田园合奏》与《沉睡的维纳斯》都还

乔尔乔涅《沉睡的维纳斯》

没来得及完成，他去世后，他的同门师弟兼好友提香帮他完成了这两幅作品。尽管短命，乔尔乔涅在艺术史上的地位却不容小觑，在短短几年的艺术生涯中，他凭借为数不多却意义非凡的伟大力作将威尼斯画派推向了全盛，他自己也得以在画坛青史留名。

被封为“金花骑士”的色彩大师
——提香

画家：提香·韦切利（Titian Veccelli，1490—1576）
国籍：意大利
代表作：《天上与人间的爱》
类型：油画
艺术风格：威尼斯画派

乔尔乔涅“附身”

提香诞生于威尼斯北部的卡多雷镇，源自佩拉尔巴山的皮亚韦河静静地从该镇的侧畔流淌而过，距离小镇大约五英里外，是雄壮的阿尔卑斯山东段的关隘。提香的童年时光就是在卡多雷镇这个风景如画的小镇无忧无虑地度过的。十几岁时，聪明伶俐的提香被父母送到威尼斯的叔父家里，以便接受更好的教育。提香的叔父是个体面的市民，他发现提香在绘画上具有天赋，就将他送进了乔凡尼·贝利尼的绘画工场。正是这样，提香开启了人生中长达数十年之久的绘画生涯。

作为当时业已成名的画坛大师，乔凡尼·贝利尼的弟子可不少，其中成就最高的当数乔尔乔涅和提香。提香比乔尔乔涅小 14 岁，当他进入贝利尼绘画工场时，乔尔乔涅已经是个成熟的青年画师了。此时，乔尔乔涅的作品已开始崭露出天才的一面，与贝利尼相比，他的画作具有更为柔和的色彩和更强的立体感，风景也画得更为优美。乔尔乔涅柔和的色彩受到了列奥纳多·达·芬奇“晕染法”的启迪，他笔下的大自然充满诗情画意，他所描绘的女人体更是皮肤鲜嫩，充满了生命力，而他出色把握色彩和光线的能力令他才名远扬，年纪轻轻，他的名声就超越了老师乔凡尼·贝利尼。除卓越的绘画才能，乔尔乔涅还有着非凡的个人魅力，他常以一个诗人或音乐家的身份温文尔雅地亮相于各种聚会和达官贵人的宴会，他的身边总是围满了喜爱他的女人。

当提香在乔凡尼·贝利尼的工场结识乔尔乔涅这位才华横溢的学长时，简直对乔尔乔涅佩服得五体投地。甚至可以说，刚踏入艺术门槛的初学者提香一下子被乔尔乔涅迷住了，对这位同门师兄怀有可以说是崇拜的情感——不光崇拜乔尔乔涅卓越的绘画天才，也崇拜他罗曼蒂克的生活方式。

提香被乔尔乔涅这块强大的磁铁所吸引，于是开始追随乔尔乔涅。他是个超强的学习能手，没多久就学会了乔尔乔涅作画的全部技法，乔尔乔涅画作的优雅和诗意的气质也被他一并吸收了。提香前期的作品与乔尔乔涅的作品非常相似，宛若出自一人之手。18 岁那年，提香曾为巴尔贝里戈家族的一位绅士画肖像，画中男子的肤色和头发描绘得一丝不苟又逼真自然，若不是提香在暗黑色背景上签了名，这幅肖像很容易被视为是乔尔乔涅的作品。

还有一件事足以说明提香的早期作品与乔尔乔涅的作品有多相似，

那就是人们对《田园合奏》一画的作者究竟为谁的争议。刚开始，美术界普遍认为这是乔尔乔涅最杰出的作品之一；后来，有人认为乔尔乔涅未完成这幅画就离世了，是提香帮他完成了剩余部分；此外，还有一种说法，认为《田园合奏》纯粹出于提香之手，与乔尔乔涅没有半点关系。

提香超强的模仿能力是他自身走向成功的前提，不过对乔尔乔涅来说却未必是好事。

1504 年，威尼斯德国商会大楼发生了一场可怕的大火，房屋和商品被烧毁殆尽。当威尼斯德国商会重建竣工时，乔尔乔涅已在威尼斯享有颇大名气，为使商会新建筑成为威尼斯最美的建筑，负责重建的人邀请乔尔乔涅为商会新大楼的主正面作画。与此同时，绘画技艺已十分精湛的提香也通过他那位来自巴尔贝里戈家族的绅士朋友引荐，开始为商会的布业公会作画。提香很珍视这次机会，他画得很努力，当然也画得很精彩。人们不知道商会大楼的壁画是由两位画家合作完成的，当他们见到乔尔乔涅时，恭喜他画得极好，还称赞他画作中的某一部分画得尤其好。不巧的是，他们重点称赞的那部分画作并非出自乔尔乔涅之手，而是提香的手笔，这极大地刺激并伤害了乔尔乔涅。

在此之前，乔尔乔涅和提香既是同门师兄弟，又是一对合作作画的好友，而且乔尔乔涅称得上是提香事实上的老师，但由于一起为德国商会画壁画这件事，两人的关系发生了微妙的变化。乔尔乔涅自此再也不与提香合作作画，彼此间因竞争而破裂的关系似乎变得难以修复。

操纵色彩的大师

1510年，乔尔乔涅和提香这两位天才命运截然不同——乔尔乔涅被一场鼠疫夺去了年轻的生命，撇下许多尚未完成的作品去了另一个世界；而提香·韦切利的恢宏人生才刚刚开始。

提香最初的许多订单都是帮乔尔乔涅完成他生前来不及完成的作品，除了提香，威尼斯恐怕没有第二个人能胜任这份工作。不过，提香绝不是对乔尔乔涅的简单模仿，正如他已在德国商会的壁画上所展现的才能，他在学习乔尔乔涅精雕细镂的同时已经形成了一些自己的风格与特色。如果说乔尔乔涅的画能令人内心平静，那么提香则十分擅长运用强烈的色彩令人感受到一种喷薄而出的激情。

如他的名作《天上与人间的爱》，这幅画作于他二十几岁时，画面充满乔尔乔涅的田园牧歌式情调，但在内容上却融入当时流行的新柏拉图主义的思想，这是提香区别于乔尔乔涅的地方。

再如，他创作于16世纪20年代左右的《酒神祭》，描绘了希腊神话故事中的酒神俄狄尼索斯与诸神痛饮狂欢的场景，画中人物有的在舞蹈，有的正举着酒坛痛饮，有的在谈情说爱，有的已醉倒在地，整体气氛热烈欢快、激情四射。画作右下角斜倚的女人体继承了乔尔乔涅画女人的样式，但提香赋予她生命的热情，令她看上去充满躁动与人间的欲念，而不像乔尔乔涅笔下的“沉睡的维纳斯”那般性感却沉静。

提香画得越多，自己的风格就越鲜明，尤其是对色彩的运用，简直到了随心所欲的境界。如《乌尔比诺的维纳斯》，画中光与色的交织波澜壮阔，对比强烈而鲜明，是提香运用色彩的典范之作。

提香《酒神祭》

对于提香在色彩上的造诣，乔尔乔·瓦萨里在《名人传》中如此写道：“……我记得塞巴斯蒂亚诺·德尔·皮翁博修士谈起此画，对我说，如果那时提香在罗马，看到过米开朗琪罗、拉斐尔的作品和古代的雕像，研究过素描，那么他将超群绝伦，就他敷彩之美丽和才华来说，他称得上我们时代中运用色彩最优秀的和最伟大的大自然的模仿者，若再有美妙的素描方法的基础，他将直追拉斐尔和米开朗琪罗。”

提香已然在不知不觉间超越乔凡尼·贝利尼和乔尔乔涅，成为运用色彩的大师，他在色彩方面的造诣当时无人能与之匹敌。这位操纵色彩的大师使用的颜色绚丽多彩，且尤为偏爱能使事物显得更为高贵与熠熠生辉的金色，如《圣母升天图》中作为背景的大片金黄，使画面彰显出一种恢宏的气势。提香在作品中广泛使用的这种颜色，被后人称为“提香金”。

当然，提香在色彩方面的贡献不仅在于他精妙绝伦的绘画技艺，还在于他对用色方式的大胆创新。在提香之前，画家们大多采用先画素描稿，然后再层层上色的方法来创作绘画，但提香在熟练掌握色彩的运用之后，大胆抛开素描这一环节，直接在画布上涂抹颜色，使色彩在绘画中不再依附于素描，具有了独立意义。与照着素描稿一点点上色相比，直接使用色彩作画的绘画效果更自然生动，而层层叠加的色彩则使画作更富厚重的质感，这一做法对后世画家，尤其是印象派的兴起影响深远。

受宠幸的“金花骑士”

晚年时，提香曾创作过一幅自画像，画像中他戴着一顶黑色的帽子，胡须花白，神情肃穆，而他那双目光犀利、炯炯有神的眼睛，则透露出他个性上的精明。提香不仅是个绘画天才，还极其善于经营世俗生活，对于能让自己扬名和赚钱的机会，他总是可以把握得很好。

1514年，当时乔凡尼·贝利尼已经84岁，垂垂老矣，但由于盛名在外，他被邀请去为费拉拉城的阿方索公爵画壁画。老画家为这幅壁画做了精妙的构思，然后开始动手在墙上作画，但由于年事已高，壁画工程又颇为浩大，乔凡尼不得不让弟子提香来帮忙。当时，24岁的提香已是威尼斯颇有名气的画师，已经完成了气势恢宏的杰作《圣母升天》，但他显然具有更大的野心。他很爽快地答应了乔凡尼，在老师委托他作画的那个房间里兢兢业业地画了起来。怀着精益求精和成名的想法，提香画得十分用心。他的绘画得到了公爵的赏识，不仅得到了一笔丰厚的报酬，还由此收获了一个新的赞助人。不久，公爵又委托他为自己及他喜爱的女人劳拉夫人画了肖像。

提香《自画像》

由于提香技高一筹、交游广泛、善于经营，他个人又气度不凡、温文尔雅、彬彬有礼，很受人喜欢和尊敬，因此他的事业蒸蒸日上，订单如雪片一般飞来。他为教堂画祭坛画，为达官显贵们画豪宅里的装饰画，同时也画了大量肖像画，如《拿手套的男子》《乌尔比诺公爵夫人》《教皇保罗三世画像》《穿棉袄的男子》《拉努乔·法尔内塞》等，不胜枚举。

提香不是专门的肖像画师，但他的肖像画画得极为出色，不仅将人物形象描绘得惟妙惟肖，还总能通过敏锐的洞察力，用画笔将人物的性格、身份、气质，甚至心理都呈现出来。而对那些请提香画肖像的赞助人来说，除了逼真和传神，他们还十分看重的，是提香超一流的对色彩的运用——这使得画像精美绝伦，画中人通常比实际人物更生动、更具魅力。

总之，提香的肖像画是如此熠熠生辉，在当时算得上数一数二，以至于从法国国王、西班牙国王到米兰公爵、乌尔比诺公爵……几乎没有哪个大名鼎鼎的君主、主教、贵族、贵妇不请提香为自己作画。为得到提香的画，他们不惜一掷千金。

为这些大人物画像还有个好处，他们不仅付给提香应得的报酬，还会额外给他发放津贴和给予他巨额的赏赐。提香拥有德国商会一个专门负责请优秀画师为当选的君主或总督画像的办公室给他发放的一年三百克朗的酬金，西班牙国王腓力二世给他发放的一年两百多克朗的固定津贴，以及那不勒斯议院每年发给他的两百克朗，也就是说，即便他一年中什么事都不干，他仍可以获得七百多克朗的收入。而他获得的赏赐更为惊人——以神圣罗马帝国的皇帝查理五世为例，他十分喜爱提香的画（如《查理五世骑马像》就是其中非常杰出的一幅肖像画作品），自从他看到提香的作品之后，就不想再请别的人为他画肖像，而且每次提香为他画像，他都会给提香一千克朗的赏金——这相当于提香所要求的一幅画的酬金的两倍。

除了丰厚的报酬和赏金，提香还获得了这些权贵的敬重与友谊。作为堂堂神圣罗马帝国的皇帝，查理五世是如此喜爱提香，他册封提香为“皇宫公爵”和“金花骑士”，据说有一次提香在为他画肖像时不慎将笔掉在地上，他还亲自弯腰帮提香把笔捡了起来——能受到一位皇帝的如此对待，全世界恐怕没有几人。

总之，正是通过为有身份的人画肖像，提香名利兼收，在中年时就已经具备一个画家在世俗层面所追求的一切。他极为富有，同时享有很高的名誉和声望，他的名声从威尼斯传遍整个意大利，甚至整个欧洲。他住在威尼斯豪华的住宅里，交往的都是王公贵族、文人学士、社会贤达，他的作品分布在著名的教堂和那些美丽的建筑里，到处受到人们的称赞。

从一个自己走向另一个自己

提香是多变的。画出《天上与人间的爱》《佛洛拉》的是一个提香，此时他十分年轻，他的画风优雅、宁静，充满了乔尔乔涅式田园牧歌般的诗意；画出《乌尔比诺的维纳斯》《忏悔的马德琳》的又是一个提香，这一阶段他的绘画色彩波澜壮阔、描绘精巧细致、笔触稳健有力；而进入晚年后，他又变成了另一个提香。晚年的提香似乎厌倦了精雕细琢的作画方式，开始用画笔横扫画面，大刀阔斧地作画，他所采用的色调也由丰富变得单纯。这些画作不像他从前的作品那样精美，甚至看上去有些粗糙，譬如《智慧的寓言》就是一幅典型的这类作品。

当时有不少自以为是的人认为提香老了，不行了，他们幸灾乐祸，认为享有如此盛名的提香也不过如此，于是开始模仿提香晚年时那些“拙劣”的作品，以嘲弄这位过度消费自己声誉的大画家。然而，当这些模仿者提起笔企图在画板或画布上大刀阔斧、随便画画时，发现根本无从下手；当他们鼓起勇气，用“豪放”的手法画出一些作品时，它们是如此粗陋不堪。而提香的作品从近处看很难分辨出画的究竟是什么，但站远一点看却完美无瑕。

提香《智慧的寓言》

问题出在哪里？——很明显，这些嘲笑提香的人看走了眼！

提香晚年看似粗糙的作品根本不是毫不费力用色彩堆砌而成的，用瓦萨里的话说：**“这些画画了一遍又一遍，颜色反复涂了许多次，费劲用力显然可见。这种方法如此运用，是审慎的、美丽的和令人惊讶的，因为这些图画充满活力和艺术性，却又似乎轻轻松松为之。”**

如果说对于一个天才人物，命运最大的仁慈就是让他长寿——毕竟那些杰出的作品需要耗费大量时间和精力来完成，而一个画家从模仿他人到形成自己的风格，再到挥洒自如的境界，也需要一步步地积累与积淀——那么提香是如此幸运！他极富天才，一生中到处遇见好运，而且身体结实，一直活到七八十岁还在画室里不停作画——当然此时他作画不再为任何名利，也不需要为任何名利，而是纯粹属于自我消遣。

1576 年，威尼斯城再度暴发瘟疫。这一次，色彩大师提香未能幸免，他不幸染病去世，享年 86 岁。

作画神速的油画大师
——丁托列托

画家：丁托列托（Tintoretto，1518—1594）

国籍：意大利

代表作：《圣马可的奇迹》

类型：油画

艺术风格：威尼斯画派

一样的"晚餐"，不一样的命运

当提香成为威尼斯有名的画师时，那些准备从事艺术事业的年轻人纷纷投身到他门下成为他的学徒。这些年轻的后生中有两个人在日后取得了卓越成就，提香过世之后在威尼斯并驾齐驱，他们的名字分别是委罗内塞和丁托列托。

先说委罗内塞，他出生于隶属于威尼斯的一个名叫委罗纳的小城，比提香年轻了整整 38 岁，父亲是一名石匠，"委罗内塞"并非他的本名，而是他的绰号，意为"委罗纳人"。

在来到威尼斯城之前，委罗内塞已经跟随别的画家学到了扎实的基本功，并成了一名独立画家。然而，当他来到威尼斯时，这里精妙的艺术作品令他大开眼界。他在乔凡尼·贝利尼、乔尔乔涅等大师的画作前流连忘返，提香的画更是令他瞠目结舌。幸运的是，这位色彩大师因为长寿当时仍然健在，因此委罗内塞得以拜在他门下向他学习绘画的技艺。

委罗内塞是一位优秀的学生，在三十岁之前就开始为威尼斯政府、教堂及富豪巨贾服务，并画出了许多值得称道的作品。上了年纪之后，他的绘画风格更加成熟，创作出了《利未家的晚餐》《格利戈里的宴会》《加纳的婚宴》等名作。这些画作都是鸿篇巨制，人物众多，将威尼斯繁荣结束前人们的狂欢展现得淋漓尽致，充满了世俗的欢乐与自由。

不过，由于委罗内塞将宗教主题画得太过世俗化，他还惹来了一场官司。这场官司的起因为他的代表作之一《利未家的晚餐》，这幅作品原名为《西蒙家的盛宴》，画的是基督被犹大出卖后和众门徒在西蒙家过逾越节、享用最后的晚餐时的情景。这一情节，历来是画家们钟爱的主题，在委罗内塞之前，尽管各位画家的构图迥异，然而在作画内容上都是紧紧围绕圣经故事，画的是十二门徒和耶稣在餐桌前的情景，充满悲剧气氛。但委罗内塞的这顿“晚餐”却别具一格，变得极端世俗化：文艺复兴盛期典型风格的雄伟建筑几乎占满了整个画面（**喜欢画雄伟的建筑是委罗内塞作画的一大特色**），在画面下部三分之一处，富丽典雅的厅廊之间，丰盛的餐桌旁不但坐着基督与众门徒，还有服饰华丽的达官显贵，打扮入时的贵妇、乐师、士兵、仆人，甚至还有侏儒、小丑、醉汉、猴子和小狗。

尽管当时威尼斯的社会风气十分开放，但委罗内塞如此将庄重神秘的宗教故事视同儿戏的做法，还是激起了基督教信徒们的不满。因此，他受到了宗教裁判所的传讯，这场官司最终以将该画的名字改为

《利未家的晚餐》而收场。

染匠的儿子

丁托列托原名为雅各布·罗布斯蒂，比委罗内塞大了整整十岁。和委罗内塞一样，丁托列托也是一名手艺人之子，他的父亲是一名染匠，“丁托列托”一名就来源于此。在意大利语中，“丁托列托”就是“染匠”的意思。

或许是父亲染坊里那些五颜六色的染料唤起了丁托列托对色彩的兴趣，他在很小的时候就爱上了绘画，经常在染坊的墙上涂涂抹抹，日后也就顺理成章地走上了绘画的道路。在成为独立画师之前，丁托列托曾到提香的绘画工场里学艺，不过据说这段师徒关系并没有持续很久，至于其中原因，后人做出了两种不同推测：一种说法是提香嫉妒丁托列托的才华，因此将他撵走了；另一种说法是，提香认为丁托列托已经画得很好，根本不需要再向他学艺。

在威尼斯，丁托列托是继提香之后的另一个天才人物，他画风高雅、富于想象、心思灵巧，尤为可贵的是，当艺术界叹息提香欠缺素描功底、否则将直追拉斐尔时，丁托列托却在这方面弥补了老师的不足。他的艺术思想是“将提香的色彩和米开朗琪罗的形体结合起来”。丁托列托致力于这一绘画理想，他的艺术并非简单对提香和米开朗琪罗的效仿，而是通过吸收两人的特点，形成了自己独特的风格。他的画作往往具有规模宏大的构图、复杂激烈的人物动态及异乎寻常的透视角度。

最能代表丁托列托绘画特色的作品为《圣马可的奇迹》。这幅画作于丁托列托 30 岁之际，描绘的是一位信奉基督教的奴隶受到主人的惩罚，将被斩首示众，这时圣马可从天而降，拯救了这个奴隶的故事。画面中，奴隶仰卧于地，周围的一群人挥动刀斧、锤子想要残忍地杀害他，而圣马可带着奇异的光辉、头朝下从天上倒栽下来，前来拯救这一可怜的信徒。这幅画在色彩方面仍能看出提香的影响，但整个画面充满了激烈的冲突，画中人物的动作是如此奇特，动感是如此强烈，在同类题材中可谓史无前例。

《圣马可的奇迹》令丁托列托一举成名，同时也鼓励了他，令他将自己这种充满想象力的、敢作敢为的风格发挥到底。自《圣马可的奇迹》之后，丁托列托又画了多幅以圣经故事为主题的大篇幅巨作，这些作品充满想象与奇光异彩。闪动不定的光线、被超常缩短

丁托列托《圣马可的奇迹》

的人物形体、夸张的人物动作和斜线构图为丁托列托绘画的典型特色。这些特性在丁托列托晚期的代表作品《银河的起源》中表现得十分突出，据说丁托列托之所以画《银河的起源》，目的就在于表现自己艺术的特性。

丁托列托将自己独特的艺术特性一直保持到了晚年。大约在 1592 年至 1594 年间，丁托列托创作出了又一力作——《最后的晚餐》。如果说委罗内塞的“晚餐”以其极度的奢华和世俗化博出彩，那么丁托列托的“晚餐”则是奇幻与世俗的结合体。他采用充满运动感的斜角

丁托列托《银河的起源》

线构图，将耶稣和十二门徒沿倾斜的对角线分布在长桌一侧，画面由此被分成两半。其上部，一道强烈的天光从黑暗中射进来，照亮缭绕的祥云、倒挂飞旋的天使及耶稣和门徒们用餐的长桌，画面下部是搁置在光洁的大理石地面上的家什、酒壶以及猫和仆人。

这幅《最后的晚餐》作于丁托列托晚年之际，强烈的明暗对比，充满奇幻的天光和云雾，以及倒挂飞旋的天使，使整个画面呈现出神话般的舞台效果，给人以强烈的视觉冲击。

独特的画风令丁托列托在威尼斯诸多画家中脱颖而出，成为别具一格的画家。然而，要画出与众不同的画面效果，丁托列托着实花费了一番心血。据说，为表现非正常状态下人物的动作、姿态，以研究人体结构的透视缩形法，丁托列托在画室的天花板上挂了不少泥塑模型和蜡人，他绘画中那些姿态各异、动作夸张的人物，正是无数次仰视和研究这些“模特”创造出来的。

“这就是我的设计图”

除了构思奇巧，丁托列托还有一个人所共知的作画特色，那就是快。他的思维十分敏捷，作画时迅速、果断，一旦想好要画什么就立即挥笔去画，几乎不打草稿。

有一件事很能说明丁托列托的速度。据说1564年，威尼斯的圣罗科学校需要一些华贵的巨幅油画来装饰天顶，当时参与竞标的有费代里戈·祖凯罗、保罗·委罗内塞等知名画家，丁托列托也在内。为甄选出最优秀的画家，校方决定给这些有意向的画家出一道考题，让他们在给定时间内拿出一幅自认为最好的设计草图来公平竞争。到了比赛那天，当别人都拿出草图等待校方的检验时，丁托列托却把一幅完成的作品贴在了天顶上——速度之快，画作之完美，令人咋舌！当校方责问丁托列托为什么不拿设计图来参加评比时，丁托列托回答他们：“这就是我的设计图。”他不知道还有别的方法，唯有作品的设计图和模型都那样做才不会弄虚作假，如果他们不愿意为此支付报酬，他就把这幅画赠送给他们。

丁托列托的快，同时也反映在他的绘画作品中。丁托列托作画不太注重对人物性格的刻画，而是非常重视通过人物瞬间的表情、动态和画面中光线的对比来表现浓烈的气氛，为表现这些气氛，他的笔触常常追随闪烁不定的光和人物的动态，因此显得不像乔凡尼·贝利尼、乔尔乔涅和提香早期时的作品那样精细，而是有些粗糙，或者说粗犷。

虽然作画时的丁托列托是如此热情奔放，有时还显得有些随心所欲，不过在生活中，他却是一个安稳、庄重的好丈夫和好父亲。1550年，32 岁的丁托列托迎娶了圣罗科学会会长的女儿福斯蒂娜，婚后两人十分恩爱，儿女成群。在他的三个儿子和五个女儿中，有两人——马尔克和巴蒂斯塔——在日后继承父亲衣钵，也成了画家。

神秘的“佛莱玛尔画家”
——康平

画家：罗伯特·康平（Robert Campin，约 1375—1444）

国籍：荷兰

代表作：《耶稣降生》

类型：木板油画

艺术风格：尼德兰画派

“佛莱玛尔画家”

在欧洲西北部、北海东岸，有一片地势低洼的平原地区，这里河网密布，著名的莱茵河、马斯河、斯海尔德河宛若蜿蜒的巨蛇徜徉在平原上，令这里土壤肥沃、灌溉便利、农渔业十分发达，成为一片富庶之地。在中世纪，这片低地被称为“尼德兰”，其范围大致涵盖现在的荷兰、比利时、卢森堡以及法国东北部的一些地区。进入 15 世纪后，随着造船业、纺织业、冶金业等产业的兴起，许多城市随之兴盛，商业的日渐繁荣促进了文化和艺术的发展，使得尼德兰艺术呈现出一派新气象，而其中绘画成就最高、被称为“佛莱玛尔画家”的罗伯特·康平，就是尼德兰画派的主要奠基人之一。

罗伯特·康平大约出生于1375年，长期在图尔奈工作，是尼德兰著名的祭坛画画师。他之所以被称为“佛莱玛尔画家”，是因为佛莱玛尔修道院发现了一位无名艺术家的作品，研究者发现这幅画的艺术风格与罗吉尔·凡·德尔·韦登的风格具有明显的相似之处，因此怀疑它的作者很可能就是维登的老师罗伯特·康平。不过，这位神秘的“佛莱玛尔画家”究竟是否是康平却没有定论。有些学者认为，“佛莱玛尔画家”很可能是年轻时的韦登；也有一些学者认为，所谓的“佛莱玛尔画家”并非指一个人，而是一个集体称呼，当时有一个“佛莱玛尔”画坊，而康平是这个画坊的主人。

无论罗伯特·康平与“佛莱玛尔画家”是何种关系，可以肯定的是，他是15世纪尼德兰比较先锋的艺术家之一，他已经开始运用透视法作画，尽管当他还没有科学地掌握透视学时，与他生活在同一时代、比他更年轻的佛罗伦萨画家们已经能很娴熟地运用透视法。此外，康平也是尼德兰最早将窗外街景引入绘画、最早冲破尼德兰中世纪的绘画传统、尝试在绘画中融入世俗生活的画家之一。这些特征，从罗伯特·康平为数不多的遗作中都可以看出。

《受胎告知》为罗伯特·康平的代表作，大约创作于1425年。这是一幅典型的三叶祭坛画，由于最初为莫洛德收藏，因此又称《莫洛德祭坛画》。该画的中间部分画的是天使来到玛利亚的卧房传达上帝旨意的故事，一侧画的是两位供养人，另一侧画的则是正在做木工的圣徒约瑟。从这幅画中，可以看到被夸张的透视关系，同时还可以通过圣徒约瑟身后的窗子，看到尼德兰当时典型的哥特式建筑。此画可以说是尼德兰最早绘有街景的画作，充满了世俗气息。

无独有偶，在罗伯特·康平的另一幅代表作《耶稣降生》中，虽然总体风格一如传统绘画那般呈现出一种严肃、静穆的氛围，但画作右上方的风景与传统宗教画相比却是一大创新。画家十分细腻地描绘了阳光下的道路、树木、建筑、湖泊和山丘，并用透视的方法将这些风景呈现出来，这些风景大多为假象，并非写生，却使得画作呈现出一种现实主义的气息。

罗伯特·康平《一个男子的肖像》

细密画的传人

作为尼德兰画派的奠基者之一，罗伯特·康平的绘画风格与佛罗伦萨画派、威尼斯画派都有着显著不同。这主要是因为尼德兰没有意大利那样的古希腊、古罗马艺术遗产，也没有意大利式的科学、哲学运动，这里的艺术主要脱胎于中世纪的哥特式艺术，同时也受到拜占庭细密画的影响。

罗伯特·康平受细密画影响颇深，当与他生活在同一时期的意大利画家正在孜孜不倦地追求对人的刻画与描绘时，罗伯特·康平却反其道而行之。如他的祭坛画《受胎告知》，画中天使做出告知的手势，圣母玛利亚则只顾自己看书，彼此间没有表情与动作上的相互呼应，而且人物表情呆板、动作僵硬，原本柔软的服饰也被画出硬邦邦的质感，几乎没什么可圈可点之处。但抛开人物不说，画中的小物件却被描绘得极为精细：翻开的书页、锃亮的金属烛台、蜡烛熄灭后的缕缕青烟、带镂空纹饰的花瓶、雕刻着精美图案的木家具、架上的毛巾架、龛内的吊壶……这些物件与摆设被描绘得十分细致逼真，颇具质感，体现出罗伯特·康平极高的写实能力与绘画功底，其透视关系也处理得十分准确。

再如《授乳的圣母》一画，这幅画中的圣母脑袋大、身子短，怀中婴儿的身体比例不谐调，圣母身上的长袍和圣母的体形也不相称，不符合透视关系，刻画得简单而模糊，但圣母身旁桌子的雕花、背后的木窗和窗外的景色，则描绘得十分细致、清晰，甚至箬帽上的纹路也描绘得有条不紊。《室内的圣母子》也是一样，屋子里的小物件被刻画得非常精细。

总之，罗伯特·康平似乎并不在意对人物的表现，也不太在意画面总体上的真实感。与之相比，他把更多的精力花在了人物周边的环境及环境中相互独立的小物件上，这为日后独立静物画和风景画的形成奠定了基础。此外，罗伯特·康平还是最早的油画家之一，他的绘画艺术对尼德兰画家扬·凡·艾克和韦登都产生了深刻影响。

罗伯特·康平《室内的圣母子》

最早在画上署名的艺术家

——扬·凡·艾克

画家: 扬·凡·艾克（Jan van Eyck，约 1390—1441）

国籍: 荷兰

代表作:《阿尔诺芬尼夫妇像》

类型: 木板油画

艺术风格: 尼德兰画派

最早的画上"结婚照"

扬·凡·艾克出生于 14 世纪八九十年代，年龄比罗伯特·康平略小一些，1422 年成为独立画家，1425 年在勃艮第公爵府当宫廷画师。作为尼德兰画派的奠基人之一，他比罗伯特·康平更为有名，其成就也更高。可以说，扬·凡·艾克是尼德兰画家中最早在绘画领域探究明暗关系和透视关系的人，也是他，改变了尼德兰绘画平面、僵硬、缺少空间的格局，使之呈现出一种全新的景象。

人们对凡·艾克的生平事迹知之不多，不过这位大师的画作倒是留下了不少。在英国伦敦的国家美术馆里，就陈列着一幅凡·艾克的著名画作——《阿尔诺芬尼夫妇像》，这是一幅木板油画，创作于

扬·凡·艾克《阿尔诺芬尼夫妇像》

1434年，画的是一对在卧室里手牵手的夫妇，尺寸不大，乍看似乎没有什么特别的地方。然而正是这么一幅不起眼的画作，却拥有着美术史上的许多个“最早”。

首先，这是世界上最早的油画作品。在15世纪之前，欧洲的画家们曾一度十分盛行用坦培拉颜料作画。所谓坦培拉颜料，就是用乳性胶状物与颜料混合的产物，用鸡蛋作为调和剂的又称“蛋彩画”。据说它为13世纪佛罗伦萨的艺术大师契马布埃首创，契马布埃的弟子乔托则对之加以了完善。

与传统绘画材料相比，坦培拉颜料具有不少优点：第一，它可根据加水的多少来营造不同的绘画效果，水多时画面薄如水彩、透明流畅，水少时则颜料饱满沉稳，适合精细描绘；第二，坦培拉颜料可画出绸缎一般具有光泽的柔和效果；第三，坦培拉颜料具有速干的特性，使得画家们可以连续作画；第四，坦培拉绘画还具有稳定、牢固的特性，其色彩能历时久远而仍鲜艳如初。

由于坦培拉颜料的种种优点，此种技法很快由佛罗伦萨传到了意大利其他地区，随后又传到了尼德兰、法兰德斯等地，一度受到画家们的热捧。然而坦培拉颜料的缺点也十分明显：画不出晕染的效果；由于不透明，难以调出自然的过渡色。

为弥补坦培拉颜料在绘画上的不足，凡·艾克对绘画颜料进行了孜孜不倦的研究与尝试，在经过反复比较和试验之后，他终于找到了一种比鸡蛋更好的调和剂——亚麻油。用亚麻油调和的颜料容易调色，便于用笔层层上色，可以画出细腻、透明而富有光泽的效果，为绘画提供了极大可能性。《阿尔诺芬尼夫妇像》便是凡·艾克用他创造的新技法所画的最早的油画之一，奇迹般精细透明的效果，令他同时代的其他画家震惊不已。

其次，《阿诺芬尼夫妇像》还是世界上最早的画上“结婚照”。画上这对新人正在布置得十分喜庆的洞房里迎接贵客——男主人公举起的右手象征对爱情矢志不渝；新娘则伸出右手，放在新郎的左手上，宣誓要永远做丈夫的忠实伴侣。一直以来，人们认为画上的这对新人是来自阿尔诺芬尼家族的乔瓦尼·第·阿尔戈·阿尔诺芬尼和他的妻子乔瓦尼·赛纳米（**阿尔诺芬尼家族是在勃艮第经商的意大利纺织商人**），但后来有人经过研究发现，乔瓦尼·第·阿尔戈·阿尔诺芬尼和妻子乔瓦尼·赛纳米结婚的日期竟然比这幅画创作的时间晚了三十多年！画中新人的身份至今仍是一个谜。

除了上述两个“最早”，《阿尔诺芬尼夫妇像》还有一大创举——如果你仔细看，便会发现在画中人物背后的墙上写着一行字，这行华丽的拉丁文意为：“凡·艾克曾在此地。1434 年。”凡·艾克因此成了历史上最早在画作上署名的画家。

当然，除了《阿尔诺芬尼夫妇像》，凡·艾克在他的其余画作上也都署上了大名，有几幅画作中，他甚至写着：**“凡·艾克创造了我。”**或许我们可以由此窥见凡·艾克的性格：他觉得自己身为一名画家是十分荣耀的，并且十分希望通过署名的方式让自己引人注目。

细节，细节！

除了题材之新、创作手法之新，《阿尔诺芬尼夫妇像》还画得精妙绝伦，洋溢着浓郁的现实主义气息。在画面中，明亮的阳光透过窗子，照射进卧室，新郎戴着一顶硕大的黑色帽子，一副时髦绅士的打扮，他身上带皮衬的斗篷泛着高贵的紫色，令人仿佛能感受到它的温暖及垂感。新郎的身边，端庄的新娘梳着当时流行的发型，头上戴着一块镶着花边的白色头巾，她穿着镶毛边的绿色长裙和蓝色衬裙，其服饰的布料质地可感。除了两位主人公，屋子里的陈设也画得十分逼真——地板上的木纹清晰可见，床边铺着一块花纹十分精细的地毯，挂在墙上的念珠晶莹剔透，床边的床掸毛茸茸的，装饰考究的铜制吊灯散发出金属的光泽……尤其令人佩服的是，凡·艾克竟然将人物后方墙壁上齿形凸镜边缘的十个表现基督生平的小故事也全都一丝不苟地画了出来。

从凡·艾克身上，我们可以看出尼德兰画家受细密画影响的深刻程度——他们作画最大的特色就是不断往画作上添加细节，直到画作看上去和眼前所呈现的一模一样为止。如果说罗伯特·康平对周围摆设及环境的描绘已经足够细致逼真，那么凡·艾克对色彩、光线和微小事物的刻画则细致逼真到了宛若用相机拍出的效果，其高超的写实本领令人拍案叫绝。

然而，凡·艾克是如何做到将静物画得如此逼真的？

首先，这无疑与他发明了新的油画技法有关。用亚麻油调色不光可以使画面呈现出透明感与光泽，因为其干得慢，还方便画家细细地润色画作。《阿尔诺芬尼夫妇像》画作中逼真的静物，正是画家一点一滴进行细加工的结果。

其次，除了好的颜料，技法对一个画家来说也非常重要。凡·艾克是尼德兰最早开始大胆探索绘画中明暗与透视关系的画家之一，从《阿尔诺芬尼夫妇像》中可以看出他的探索与努力：他不仅十分细致地描绘了屋子里的一切静物，还画出了其空间感和光线的变化，他将所有物体在自然光下的影子也十分逼真地表现了出来，甚至连薄薄的地毯的影子也没有落下，在描绘凸面镜与铜制吊灯时则使用了白色来表现高光。

然而凡·艾克并没有像佛罗伦萨同一时期的其他画家那样娴熟掌握透视学知识，在作画时也没有对形体、空间、比例进行抽象分析和概括，他笔下的真实来自他对自然本身的欣赏和追求，来自他对平凡物象的洞察，更来自他对细节的不断追求。

墙上的魔镜

许多画家都喜欢在作品中插进自己的画像，凡·艾克也不例外，不过在《阿尔诺芬尼夫妇像》一画中，凡·艾克将自己的位置安排得十分巧妙，只有非常细致的人才能发现——他把自己画在了位于画作正中间、铜制吊灯下方的凸面镜里——凸面镜照出了屋子另外半边的景象——这对新婚夫妇面朝卧室的门，门口站着两个模糊的身影，其中一个就是画家凡·艾克本人。有意思的是，镜中人物的位置画得极为精确，如果一个人站在门口望向屋内，那么他的影像就会映射在凸镜中的那个位置。

对于凡·艾克在未能掌握透视法的情况下是如何将空间关系画得如此精确的这个疑问，后世的研究者们做出了大胆猜测。有人认为凡·艾克使用了曲面镜、小透镜之类的光学仪器才创造出了相片般精准的图像，而《阿尔诺芬尼夫妇像》中那面凸镜便是物证，因为据说只要将凸镜转向凹面，将影像反射在墙壁上，画家就能由此追踪物象。

那么，为什么后世画家和理论家对这一绘画技巧只字不提呢？

因为这是一项行业秘密，他们不希望外界知道。

不过，也有一些艺术史学家对这样的猜测嗤之以鼻，理由是凡·艾克所处的年代玻璃的制作工艺还不完善，根本无法用凸镜投影出清晰的图像。

不过，无论凡·艾克是否利用了凸面镜作画，凸面镜都给了他极大的帮助。由于凸面镜具有发散光线的作用，因此在画作中画一面凸面镜，可以扩大视野，更多地呈现画面中无法容纳的事物，使得画面更为丰富，空间也得到了延伸。

名叫“休伯特”的兄弟

凡·艾克在世时享有很高声望，1425 年，他被任命为勃艮第公爵腓力三世的宫廷画师和男侍，很受公爵的敬重。公爵不仅常常对他委以重任，派他出使国外执行外交使命，还让他成为孩子的教父，在凡·艾克去世时给了他的遗孀一笔十分丰厚的抚恤金。据说有一次，公爵的一个手下未能及时支付凡·艾克的薪水，这件事被公爵知道后，他写信将这名手下狠狠训斥了一顿。

凡·艾克的声望证明了他在画坛的影响力，不过当时画坛还有个厉害人物，他的铭文中说他的艺术成就“高于任何人”——此人不是别人，正是凡·艾克的兄长休伯特。

《根特祭坛画》是凡·艾克为根特市圣贝文大教堂画的一组大型祭坛画，由内外两面共 23 个画面组成。在平日里，祭坛画的两翼闭合，只能看到外侧部分；遇上节日盛典时两翼打开，内侧的画面也呈现出来。在 23 个画面中，内侧中间的 4 个画面为主要画面，分为上下两层，上层中间为上帝，两侧为圣母和施洗者约翰，下面是祭坛画的主体部分《羔羊的礼赞》，画中的人物和风光画得极为精致，人物端庄自然、栩栩如生，花草景物绚丽多彩、充满生机，是尼德兰文艺复兴早期的杰出代表作品。

有研究者认为，《根特祭坛画》这幅伟大的画作最先是由休伯特开始绘制的，他去世后，凡·艾克帮兄长完成了剩下的部分。不过也有人认为休伯特此人子虚乌有，理由是艺术史上关于休伯特生平的记载寥寥无几，而且语言学家 A. 阿姆普发现，写在《根特祭坛画》外侧下框上的一段拉丁文题记中根本没有提到休伯特这个名字。

油画界的情感表现大师

——韦登

画家： 罗吉尔·凡·德尔·韦登（Rogier van der Weyden，约 1399—1464）

国籍： 荷兰

代表作：《下十字架》

类型： 木板油画

艺术风格： 尼德兰画派

悲情的宗教画大师

在“尼德兰绘画之父”扬·凡·艾克之后，罗吉尔·凡·德尔·韦登是 15 世纪中叶北欧最有影响力的一个画家。他出生于图尔奈，父亲是刀剪匠，年轻时有幸拜著名画家罗伯特·康平为师，不久即凭借杰出天赋成了当地的著名画师，曾两次得到三桶酒的奖励。27 岁那年，韦登在布鲁塞尔遇见一个心仪的姑娘并与之结成连理。35 岁，他以其卓越的才能被赐予布鲁塞尔市官方画家的称号，此后一生中多数时光他都在布鲁塞尔度过，以著名祭坛画画师的身份闻名于世。

就生平而言，韦登的一生既不悲壮曲折也不生动传奇，并不像列奥纳多·达·芬奇和米开朗琪罗那样有故事，然而他在当时的影响力却丝毫不逊色于后面两位画家。令韦登一炮而红、为他奠定画坛大师地位的，正是他那幅成名作《下十字架》。

《下十字架》是一幅典型的三叶祭坛画，描绘的是耶稣被钉死在各各他山的十字架上之后，亚利马太城的约瑟请求埋葬耶稣尸体的故事。这一故事在《新约》中被写得十分简单，然而韦登用紧密相关的 9 个人物将整个故事充实起来。古今许多大师都画过《下十字架》的题材，而韦登的这一幅虽历经 500 多年漫长历史却从未被超越，它是历史上最感人肺腑的宗教画之一，也是历史上技艺最精湛、表达最完美的伟大作品之一。

这幅伟大的画作有着许多值得称道的地方，精心的选材便是其中之一。它画在一张用 11 块木板钉成的橡木板上，这些橡木为白橡木和来自波罗的海的黑橡木，质地坚实厚重、坚韧细密。工匠在制作画板时仔细挑选过每一根橡木，将橡木沿着中间垂直锯开，纹路笔直且相互平行，品质无与伦比。

选好材料之后，韦登就要在上面发挥他的天赋了。他是一个极其善于表达情感的画家，这一点在《下十字架》一画中表现得非常充分。在韦登之前，无论是康平还是凡·艾克，尽管技艺精湛，但笔下的人物几乎都面无表情。韦登却赋予每一个画中人物以充沛的俗世情感，《下十字架》中除了死去的耶稣一脸平静，其余人都流露出悲伤哀痛的神情，他们在苍白的淌着鲜血的耶稣身边泪水涟涟，眉头低垂，嘴角抽搐，拭着眼泪，沉浸在巨大的悲伤中无法自拔。这些人中最悲伤的莫过于圣母玛利亚，她难过得瘫倒在地，双目微合，面色比死去的耶稣还要苍白，她整体的动作与神情传递的正是一个失子母亲巨大的哀

韦登《下十字架》

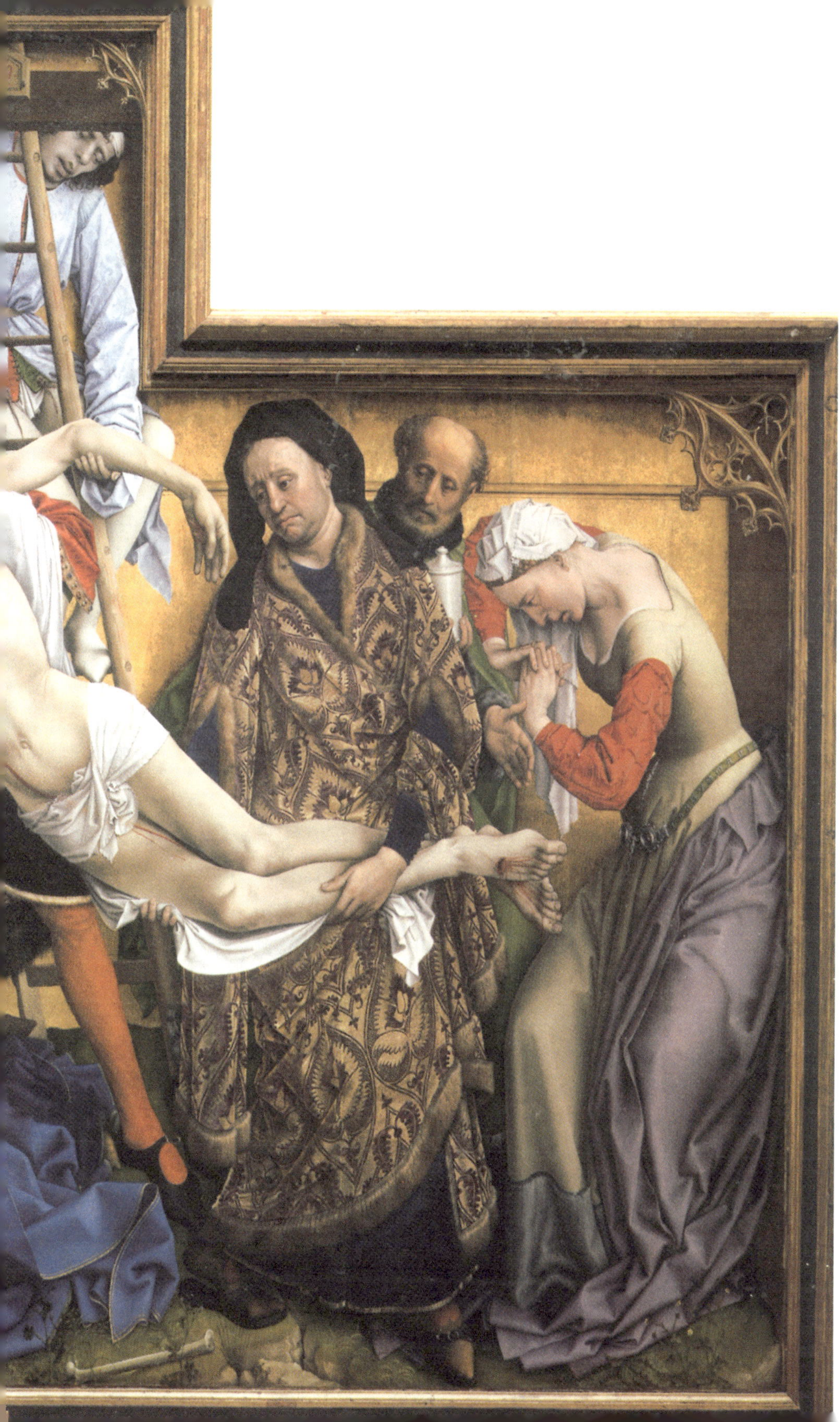

恸，令人动容。

韦登刻画眼泪的技能非常高超，他用明、暗两种颜色认真细致地勾勒每一滴泪水，使得人物脸上的痛苦表情栩栩如生。但韦登的高明之处远远不止这些，《下十字架》之所以会成为伟大的作品，最为关键的因素还在于韦登对诸多细节的把握与描摹：潮湿的眼眶、手臂和额头凸起的经脉、脚上和手背上细细的纹路、眼角和脖颈处的皱纹……其中有许多细节在绘画中起着暗示作用，如他对两件衣服的描绘就是如此。

画中人物虽生活于千年前，穿的却是中世纪的衣服。这些衣服被刻画得十分细致，布料、毛皮、纽扣，都被刻画得一丝不苟，而约瑟身上那件金色外套尤为引人注目，衣上的毛皮和金丝线刺绣真实得宛若这件衣服就在眼前。金丝线刺绣暗示了约瑟富有的身份，因为这一技术在当时刚出现没几年，那时的人穿有金丝线刺绣的衣服好比今人开一辆世界顶级豪车。然而约瑟这件代表着身份的昂贵外衣并没有认真扣好，而是随便裹在了身上，与人物的身份很不相称。这当然不是画家随意为之，而是精心设计的结果——正是这件随意裹在身上的华服，令人联想到约瑟在听闻耶稣遇害后无比震惊与悲痛的心情，不难想象，他一定是来不及也没心思好好将自己打扮一番，而是随便抓起一件衣服裹在身上就匆匆出了门。

这种从侧面刻画人物情绪、暗示人物身份的手法正是韦登高明的地方。无独有偶，再如画作最右边的人物，她是从良妓女——抹大拉的玛利亚，淌至鼻尖的泪水表现了她的悲伤，而她的紧身裙和衬裙则暗示了她的身份。在当时，良家妇女是不会穿成这样出现在公共场合的。有意思的是，有研究者用红外相机发现，韦登将玛利亚的领口画得比初稿更大一些，并有意露出了一点胸口的乳沟。玛利亚固然哀伤，却仍旧性感。韦登之所以做出这一细小的调整，他要暴露的并非玛利亚的身体，而是她曾经作为妓女的身份——她的服饰，代表的是世间的一种罪恶，而耶稣，正是为人类的种种罪恶而殉难的。

《下十字架》这幅画之所以如此令人动容，还与韦登的另一大创新有关。在韦登之前，譬如他的老师康平，十分喜欢用精致的小物件来充实画面背景，韦登却恰恰相反。他采用极其简单的构图，将一切有可能吸引人们注意力的无关紧要的事物统统去除干净。在高 2.1 米、宽 2.5 米形同祭坛的“凸”字形木板上，他将 9 个人物拥挤地“塞”在里面，这些人物被排列得井然有序，彼此间的动作与眼神传递出他们是街坊邻居、互相熟悉的关系。人物大小与真人相仿，他们身处幽闭、局促的空间里，头部几乎要碰到画框顶部，令观者的眼睛无处可逃，只能紧紧地注视着他们的悲伤。

暗藏的十字弩

如果仔细看，你会发现在《下十字架》这幅画上了漆的木质画框里，隐藏着两枚小小的十字弩，它们几乎难以用肉眼发现，却被描绘得极其精致，就连脚蹬和触发装置也画得一丝不苟。这种十字弩是冷兵器时代最为凶悍的武器，具有空前的杀伤力，当它被发明出来时，教皇曾感叹一个基督徒不应该使用如此可怕的东西，因为它在上帝眼里是可憎的、残酷的。

为什么如此充满悲情、怜悯的画作会和这样凶险的武器联系在一起呢?

原来，《下十字架》的委托人是鲁汶的大弩手协会，该协会由 60 名训练有素的神箭手组成，他们来自城市里最富有、最有地位的家族，由全体市民选举出来，而十字弩是他们保卫家园、保卫自己财富的一种武器。渐渐地，作为一支有力的军事力量，大弩手协会的影响力不断得到扩大，并成为教堂的主要捐赠者。在中世纪晚期，它在荷兰已成为城市文化的核心。鲁汶的大弩手协会是城市的重要组织，它自然要找一个与之身份匹配的画家来作祭坛画，而当时，韦登作为画坛的后起之秀已十分有名，他的绘画颇受上流社会欢迎，而且当时他才三十几岁，恰好年富力强。

事实证明，大弩手协会选择韦登来画这幅祭坛画是对的。这个富有的协会给了韦登一个扬名立万的机会，让他得以大展身手，而韦登也懂得知恩图报，将他全身的才华施展了出来，不光画出了伟大的杰作，而且从构图到细节，画了不少弓弩来感激他的赞助人。除了画在边框位置的两张小十字弩，其他“弓弩”都被他画得十分巧妙，但只要仔细看仍不难发现——绘画正中央耶稣的身体，以及倒在地上的圣母玛利亚的身体，他们的动作是如此一致，正是两张大十字弩的形状。而画作右边抹大拉的玛利亚看上去极不自然的身体，也恰似一张十字弩的形状。

进入上流社会

1435 年是韦登的幸运之年，命运让他邂逅了《下十字架》，成就了他日后在画坛的赫赫大名，也为他带来了许多订单。在《下十字架》之后，韦登又创作了《圣母怜子》《基督向圣母显现》《七大圣礼》《末日审判》等许多杰出的宗教画。此外，当时尼德兰有许多贵族和富人纷纷前来向他求画，于是韦登在这一时期画了大量的肖像画。

韦登《读信的男子》

作为一个杰出的祭坛画大师，韦登的肖像画也画得极为不错。他的肖像画特征十分显著，其中最为明显的就是构图非常简洁。首先，韦登喜欢采用蓝紫色，甚至纯黑色等十分简洁的背景来衬托人物，使观众的目光完全聚焦在人物肖像上，丝毫不被其他事物所吸引。其次，韦登笔下的肖像画，其线条都经过大幅裁剪，显得十分简洁，如《女子肖像》一画，倒 V 字的白色纱巾几乎占据了整个画面，再如《勃艮第公爵夫人》，她头上的纱巾是一个 M 形。简洁的造型令画面看上去干净利落，能将人物很好地凸显出来。再次，韦登擅用色彩，他的用色不像威尼斯画家们那样绚烂，然而却极为细腻。比如《女子肖像》，乍一看整幅画似乎唯有白色、黑色和红色三种颜色，实际上画中的用色却极为丰富，单是女子头上的白色头巾，仔细看会发现它并非纯白色，其色彩因为折痕、褶皱和周围环境的反光而发生着微妙的变化，但颜色的变化过渡得十分自然，如果不仔细分辨就难以看出。最后，韦登还是一个搭配颜色的高手，如果你

韦登《女子肖像》

遮住《女子肖像》中腰间的那一小块红色，就会发现该女子的脸色会变得苍白，失去了血色。

每一个画家都有自己作画的气质，有些画家的画作气氛热烈、令人看后产生欢欣鼓舞的情绪；有些画家的画作则低调深沉、容易引发人的思考。韦登笔下的人物气质也有一个共性，那就是他们往往紧闭双唇，眼睛从不看向画家，不是向上看或向下看，就是向左看或向右看，平静的眼神中总是流露出一股淡淡的忧伤，仿佛正沉浸在思考中或某种忧郁的情绪中难以自拔。

难道韦登自己就是个忧伤的人?

韦登为许多贵族和富人画肖像，却从未单独为自己作画。有研究者猜测，《圣鲁克绘圣母像》一画中穿红衣的画家，很可能就是韦登自己。画中的圣鲁克戴着一顶棕色圆帽，正聚精会神地为圣母子画肖像，他的脸形有点圆，看上去平易近人，眼神也与韦登笔下的其他人物一样，有着一点淡淡的忧伤。

无论韦登的长相与气质究竟如何，不可否认的是，他是一个极为勤奋的画家，很好学，也很聪明。1450 年，韦登曾前往当时的文艺复兴中心意大利费拉拉和罗马取经，在那里受到了热情接待。他认真研

韦登《圣鲁克绘圣母像》

究了意大利画家詹蒂莱·达·法布里亚诺的作品。詹蒂莱·达·法布里亚诺是僧侣画家佛拉·安基利科的老师，是国际哥特主义画派的典型画家。所谓国际哥特主义，是14世纪晚期至15世纪初流行于西欧的一种艺术，它是哥特式艺术的变形，高贵、理想化、仪式感和神性是其最为显著的特点。其绘画在视觉上具有很强的装饰性，并且色彩十分丰富，同时大量使用镀金材料。就拿詹蒂莱·达·法布里亚诺的画作来说，几乎没有哪一幅不是金碧辉煌。除了向詹蒂莱·达·法布里亚诺学习，韦登还在意大利学到了透视法在绘画中的表现。自意大利回归后，韦登跃跃欲试，他后期的许多作品都能明显看出此趟意大利之行的影响。如他的另一幅名作《基督入葬》，其构图与佛拉·安基利科的《入葬》十分相似，明显有参考的痕迹，而基督坟墓上树木的画法，也带有明显的意大利风。

意大利之行带来了韦登画风上的改变，而这种注入新鲜血液的绘画显然在尼德兰很受欢迎。年逾半百之后韦登变得更加忙碌，他有许多订单都是交给助手完成的。1464年，这位使得尼德兰画派在国际上扬名的伟大画家结束了其长达数十年的绘画生涯，在故乡病逝，而他的影响力却在持续发酵。在他去世后，整整一个多世纪的宗教画都可发现受他影响的痕迹，而他的肖像画也对后世画家的创作影响深远。直至今日，韦登的画作仍为艺术家们提供着取之不竭的灵感。

充满奇思妙想的讽刺画大师
——博斯

画家：希罗尼穆斯·博斯（Hieronymus Bosch，约 1450—1516）
国籍：荷兰
代表作：《愚人船》
类型：木板油画
艺术风格：尼德兰画派

“世界是满载干草的四轮车”

希罗尼穆斯·博斯是在 15 世纪后叶尼德兰画家中最特立独行的一个。他出生于绘画世家，父亲和祖父都是当地有名的画师。博斯从父亲和祖父身上学到了绘画技艺，也传承了尼德兰画派平整细密的绘画风格，但在绘画题材上，他不受人文主义思潮的影响，也不走扬·凡·艾克表现新兴市民阶层家庭生活与温情的路子，而是以其充满奇幻的想象力，用颜色演绎了一场又一场对人造成剧烈视觉冲击的狂想进行曲：天使、魔鬼、巨大的老鼠、长着马脚的鱼、扭曲和变形的人、奇花异草、沐浴的猫头鹰……这些毫无关联的形象都被博斯杂糅在一起，以一种奇特的姿势呈现，向世人表达着画家的情绪和思想。其创新与大胆到了令人咋舌的地步。

《干草车》是博斯最具代表性的画作之一。画面的正中央，魔鬼驾着一辆载满干草的车行驶在天地间，似鼠非鼠、似鱼非鱼的怪物与魔鬼为伍。干草垛上，长翅膀的怪物在奏乐，圣女在跪地祈祷，坐在干草垛上看书的修女一本正经，弹着曼陀铃的浪子却恬不知耻地冲她调情。修女后面一对男女正忘情接吻，树后露出一个窥探的脑袋。这干草车上的干草垛是如此金黄、如此丰盛，它结结实实，比山还高大。车下，国王和教皇骑着马追随在后，其身后和周围是身份各异的百姓，世人被载满美好事物的干草车所诱惑，蜂拥而来，对干草车进行哄抢：有人搬来梯子正欲爬上干草垛，有人举着长杈向干草垛刺去，有人在车轮间窜来窜去，有人已经被碾压致死，有人为争抢大打出手，有人正扛着抢到的干草回家去，也有人已经在享受抢来的成果，用干草烹饪着香喷喷的食物……这幅画作并不太大，画面却人兽混杂，极为丰富；而在“世界”上方黄色的云朵中，耶稣举着双手，居高临下，俯视着下面可悲亦可笑的芸芸众生。

博斯无疑是画家中最好的寓言家之一，他那形象夸张的漫画式画作总是充满讽喻。这幅《干草车》的创作灵感来自于尼德兰的一句谚语：**“世界是载满干草的四轮车，能捞多少就捞多少。”**这句谚语揭露了人性的贪得无厌，而博斯笔下那些丑态百出的人物则将这种贪婪演绎得无比真切。

博斯生活的时代，随着尼德兰经济的繁荣、意大利人文主义思想的涌入，反对封建主义、要求宗教改革的呼声变得越来越强烈，整个尼德兰正处于变革的前夕。然而，毕竟那个自由开放、全新的时代还

博斯《干草车》

没有到来，匪夷所思的是，博斯的这幅《干草车》讽刺意味如此浓郁，竟是一幅三叶祭坛画。

无法停止的讽刺与说教

博斯是画家中最好的寓言大师之一，永远无法停止对现实社会与人类灵魂的拷问，也永远无法停止对世界的讽刺。

在《愚人船》中，他画了一只行驶在黑暗水面的小船，一群愚人挤在一起说笑弹唱、饮酒作乐，玩愚不可及的无聊游戏，完全没有意识到这只由一个傻子驾驶的船只行将覆灭；而坐在船中央的，竟是一位修士和一位修女。

在《死神与守财奴》中，他画了一个瘦骨嶙峋、行将就木的守财奴，守财奴坐在病床上，窄小的窗户中，耶稣的圣像发出一缕圣光，长翅膀的天使来到他的身边，抚着他的肩膀，叫他向耶稣的圣像祈愿，但这个守财奴对此置若罔闻。死神从四面八方进来，劫走守财奴的财富，在他床尾巨大的保险箱里翻腾，但守财奴至死执迷不悟，只是紧紧地盯着挂在墙上的钱袋子。

在《七宗罪》中，博斯以类似中世纪抄本插图的圆形构图历数了人类的七大罪恶：愤怒、傲慢、肉欲、怠惰、暴食、贪欲和嫉妒。画面中央是站在坟墓里的基督，四角的四个小圆里，画的是死后世界的“最后四事”：左上角画的是人的死亡，右上角为最后的审判，左下角为地狱，右下角则为天堂。

博斯的夸张和讽刺无处不在，即便他是个虔诚的宗教徒，他也忍不住在以宗教故事为题材的画作中进行讽刺与说教。他的宗教画缺乏美感，也没有神圣庄严的气氛，反而充斥着扭曲变形的丑陋形象，透露出一种神秘主义色彩。《基督荷着十字架》就是一幅这样的典型画作——一张张狰狞的面孔将基督包围，他们充斥着整个画面，比妖怪和魔鬼更为可怕。

而在《圣安东尼的诱惑》这幅三叶祭坛画中，博斯借助圣安东尼这个形象，集结了所有他能想到的人间诱惑与折磨——蛊惑人的裸体女人藏在裂开的树干中；一个巨大的红色果实外形诱人，里面却黑洞洞的，藏着可怕的怪物；吊在树上的箩筐里坐着举着长刀的人形妖怪；长着长尾巴的女巫抱着孩子骑在一只硕大无比的老鼠身上；一只中箭的怪物张着血盆大口；酒壶长出兽的腿，鸭子长出人头和人手；炼狱的大火在远处熊熊燃烧；圣安东尼跪在地上，被一群可怕的鬼怪纠缠……这幅画是如此光怪陆离，里面的故事和离奇古怪的形象根本难以用文字和语言来描述，它们共同构成一场可怕的梦魇，令人惊叹也令人窒息。

“乐园”

博斯的作品充满了神秘、恐怖、怪诞的特色，比诞生于 20 世纪初的超现实主义画派更具超现实气质，因此被后世追认为超现实主义的鼻祖。

你也许会好奇：在中世纪刚结束的 15 世纪，博斯的大脑是如何想象出这些光怪陆离的形象的？

这的确需要超强的想象力！但博斯笔下这些奇幻的事物并非完全是从无到有“创造”出来的，它们有一些来自当时流行于尼德兰的谚语、民间故事和宗教传说，只是博斯用画笔赋予了这些传说中的怪诞“生灵”以具体的形象；有一些则是博斯从哥特式雕塑、中世纪的动物故事插图，以及古钱币中借取过来的形象。此外，博斯的故乡位于荷兰南部北布拉班特的斯海尔托亨博斯城，这里的纺织业非常繁荣，宗教活动也十分活跃，城中的圣约翰教堂里经常有宗教题材的戏剧演出，民间也常有狂欢的化装舞会，这些活动丰富了博斯的创作，也为他提供了取之不尽的灵感。他笔下那些夸张、扭曲的形象，有不少就来自戏剧及化装舞会中皮制或纸制的面具。不管这些怪诞形象源自何处，它们都是博斯表达思想的道具，是用色彩写就的暗语，无数的隐喻合在一起，共同构筑成一篇篇含义深邃的“寓言”。而《人间乐园》，是博斯所有的“寓言”中最为著名也最为杰出的一篇。

油画《人间乐园》高两米多，由左、中、右三个部分构成，画家以无与伦比的想象力、极为细腻的笔法，描绘了天堂中亚当和夏娃被创造、世间人类的情欲和享乐及地狱中噩梦般的景象等画面，将他独创的新颖画风发挥到了极致。尤其是中间部分：无数赤身裸体的男人和女人，他们有的骑着野兽在转圈，有的坐在巨大的鸭子背上，有的相互拥抱，有的被套在透明的圆球里，有的倒立在水池中，有的被夹在巨大的蚌壳中……各种稀奇古怪的禽兽、闻所未闻的奇花异草和形态各异的男人女人混杂在一起，演绎了一场无比堕落、令人瞠目结舌的人间狂欢。虽然画幅不大，但场面大得令人震撼，里面的形象纷繁复杂到令人眼花缭乱的地步。

《人间乐园》现藏于马德里的普拉多美术馆，许多人前往此地正是为了一睹“人间乐园”的风采。然而要讲清楚这幅画的象征意义却不太可能，500 多年来，人们对其中的隐喻一直争论不休。

博斯《人间乐园》中间幅

有意思的是，博斯是个虔诚的天主教徒，年轻时就已跻身“圣母善会”的领导阶层，而当他画出充满浓郁异教色彩的《人间乐园》时，他的名声和在现实生活中的利益竟没有受到丝毫影响。据说，博斯的作品还深得西班牙国王腓力二世的喜爱，其《干草车》、《人间乐园》三联画和《七大罪恶》还曾装点过被称为“世界第八大奇迹”的埃斯科里亚宫。

“农民的画家”
——老彼得·勃鲁盖尔

画家：老彼得·勃鲁盖尔（Pieter Brueghel the Elder，约1525—1569）

国籍：荷兰

代表作：《农民的舞蹈》

类型：木板油画

艺术风格：尼德兰画派

“农民的勃鲁盖尔”

在16世纪的尼德兰，有一个家族在画坛十分有名，该家族祖孙三代共出了七位杰出画家，由于他们最初来自荷兰北布拉班特一个名叫勃鲁盖尔的村子，因此，被称为“勃鲁盖尔家族”。而老彼得·勃鲁盖尔，是这个家族的第一位画家，同时也是成就最大的一位。

在艺术史上，老彼得·勃鲁盖尔以农民画而著称。为了画农民，他常常深入农村，和农民待在一起，与他们谈天说地，参加他们的婚礼，看他们嬉笑打闹，同时也观察他们耕作与收割。老彼得·勃鲁盖尔是农民的朋友，同时也是一个画农民的天才，他通过极为细致的观察，将日常所见的农民形象印刻进自己的脑袋，而后又用他那灵巧的双手，将他们原原本本地通过画板和颜料还原出来。如果谁想要了解农民的样子，那就到老彼得·勃鲁盖尔的画里去寻找吧！在他的画中，你可以找到各种性格、各种姿态的农民：愁容满面的、哈欠连天的、醉态蒙眬的、大腹便便的、勤快劳作的、就地歪躺的……不同于米勒的农民画，老彼得·勃鲁盖尔并没有带着悲天悯人的情绪去看待这些农民，他笔下的农民是快活的，常常以群体的方式出现，他们有着多姿多彩的生活，也有着丰富多样的个性和千差万别的面孔，有的善良朴实，有的又不免愚蠢而狡黠。

在老彼得·勃鲁盖尔的农民画中,《农民的婚礼》和《农民的舞蹈》两幅油画最为有名。

《农民的舞蹈》创作于 1568 年，这是一幅风俗油画，画面中，一群农民正在乡村的空地上跳舞，有的扬起手，有的踢起腿，有的拥抱在一起，有的则正在喝酒谈天。这些舞者没有漂亮的面孔和姣好的身材，着装看上去很土气，舞蹈也不优美，而是显得有些笨拙，但他们十分快活，淳朴的脸上展现出天真、憨厚、豪迈、乐观的天性。

《农民的婚礼》和《农民的舞蹈》差不多创作于同一时期，画的是一场像是在谷仓的地方举行的婚礼，画中有人在上菜，有人在倒酒，奏乐的人转过身，眼睛紧盯着桌上的食物，小孩坐在地上舔手指，客人们坐在简陋的长条木板凳上，面对并不丰盛的宴席却吃得津津有味。这幅画将农村婚礼的热闹场景描绘得栩栩如生，令人看了宛若身临其境，不禁对这群贫穷而欢快的人产生共鸣。

因为善画农民，老彼得·勃鲁盖尔被人亲切地称为“农民的勃鲁盖尔”。不过，除了画农民，老彼得·勃鲁盖尔也十分喜欢在画板上表

老彼得·勃鲁盖尔《农民的婚礼》

现农村的自然风光。在《收割》《收干草》《雪中猎人》等画作中，他采用全景式构图，将尼德兰农村或生机盎然或寒冷肃杀的景象表现得一览无余，十分生动。老彼得·勃鲁盖尔在风景画上的扎实功力和他早年从事风景画版画创作的经历有关——要知道，二十几岁时，老彼得·勃鲁盖尔就是一名十分出色的风景画画家了。他曾到法国、意大利等地游历，在途中画了大量风景写生画，为日后的创作积累了丰富的素材。

然而，不同于尼德兰的前辈画家约阿希姆·帕提尼尔，老彼得·勃鲁盖尔似乎对描绘幻想中的风景不感兴趣，他热衷于将双眼所见的风景如实地画到画板上。他是一位杰出的现实主义画家，研究者们往往能找到与他画中风景及建筑相对应的景物。哪怕是《盲人的寓言》这样一幅重在表现寓意的画作，其背景风光也并非凭空想象出来。据研究者证实，《盲人的寓言》这幅画中有着尖顶教堂的村子，是位于布鲁塞尔近郊的一个小村庄。老彼得·勃鲁盖尔年轻时就离开故乡来到南部的安特卫普学习和工作，婚后与妻子一起搬到更南边的布鲁塞尔定居，因此，他的作品从布鲁塞尔近郊取景一点儿也不足为怪。

“滑稽的勃鲁盖尔”

老彼得·勃鲁盖尔因画农民、农村景色闻名于世，但这些并非他艺术创作的全部。事实上，他见多识广，有着深刻的思想，并且天生幽默、喜爱夸张，讽刺画也是他的特长之一，因此，他又有“滑稽的勃鲁盖尔”的称号。

老彼得·勃鲁盖尔的滑稽画风深受博斯影响。与博斯一样，老彼得·勃鲁盖尔也很喜欢从尼德兰传说和箴言中获取创作题材，喜欢通过幻想与虚构的人物、荒诞的情节来暗讽现实世界，给人们以警示。《尼德兰箴言》便是这类题材的典型之作。

这是一幅画于橡木上的木板油画，整幅画的宽度和高度都不足两米，画作的内容却极为丰富，画中人物和动物姿态各异，分别表达着各自的寓意。比如，画的左下角，一个男人抱着柱子啃咬，对应的箴言为“成为一个信仰宗教的伪君子”；这个男人的旁边，有人一手拎着一桶水，一手则拿着冒烟的炭火，对应的箴言为“成为一个兴风作浪的两面派”；在“两面派”的右边，有一个人正在用头撞墙，意为“试图做不可能完成的事”，而他一脚光着，一脚穿鞋则意味着“平衡最重要”；墙上有个人正在给猫装铃铛，表示“轻率地做本应保密的计划”；墙根坐着两个男人，一个正在剪羊毛，另一个则在剪猪毛，表示“两个人力量悬殊，其中一个占绝对优势，另一个则毫无优势”；在这两个人的右上方，一个穿红裙子的女子正给丈夫披上蓝色披风，意味着她的出轨……

据研究，老彼得·勃鲁盖尔在这张小小的画板上竟然画了一百多句尼德兰箴言，谁将这幅画读通，就差不多将尼德兰民间的通俗文化读通了大半。这幅画带有明显的细密画特征，每一个细节都值得仔细欣赏与玩味，象征一百多个箴言的众多人物与情节组织得非常巧妙，浑然一体，俨然一幅生动而繁忙的人间百态图。

《盲人的寓言》是老彼得·勃鲁盖尔的另一幅杰出讽刺画。在《马太福音》里，基督说过这么一句话：“如果一个瞎子给另一个瞎子引路，两人将一起跌进沟里。”老彼得·勃鲁盖尔在《盲人的寓言》中画的正是盲人给盲人引路跌进沟里的情景，只是画中不止两个盲

老彼得·勃鲁盖尔《尼德兰箴言》

人，而是一群，他们纷纷一手拄着拐杖，一手扶着前面那个盲人的肩膀或拉着前面盲人的棍棒，摸索着艰难前行，引路的盲人已经跌进壕沟，他后面那个盲人也正失去平衡向前扑去，然而再后面的盲人仍沿着前两个盲人带领的路线向前，乡村宁静的景色、不远处的教堂他们统统看不见，路上没有一个人，这就意味着这群盲人得不到任何一个明眼人的帮助，因此，他们的悲惨命运是注定的，是可以预见的。

这幅画的寓意是显而易见的，同时也是深刻的——它警示人们不要盲信和盲从，否则将变成画中的盲人，被另一个盲人带进沟里。唯有懂得独立思考、具备怀疑精神，才可能从盲信中跳出来。可悲的是，人类的命运常常是重蹈画中盲人们的覆辙，一次又一次跌进壕沟，永远也不知道吸取历史的教训，让自己变得聪明一点、理性一点。

在用绘画来讲述寓言、诠释自己的思想这一点上，老彼得·勃鲁盖尔的才华可以说不在博斯之下，虽然画中的情节为虚构，但他对画中素材的表现却极写实。在《盲人的寓言》中，他并非随便画了六个盲人，如果仔细看，且懂点临床医学，便会发现这些盲人患有不同的失明症——有人患有角膜白斑，有人患有眼球萎缩症，有人已经摘除眼球、只剩下凹陷的眼眶。无独有偶，在其他画作中，老彼得·勃鲁盖尔笔下的病人也是光看样子就可以诊断其病症，如《狂欢节和封斋期之争》一画左下角那个肚子鼓起、双腿细弱的人，虽然在形象上颇为夸张，然而依然可看出他可能患有肝硬化。老彼得·勃鲁盖尔将具有真实性的人物置身于同样具有真实性的风景中，借由两者共同构成的画面来讽喻现实，使得画作的寓意更具悲剧色彩。

歌颂革命

1563 年，新婚的老彼得·勃鲁盖尔移居布鲁塞尔生活。不久之后，尼德兰革命爆发，尼德兰人民奋起反抗，西班牙统治者疯狂镇压，社会变得动荡不安。

“国家不幸诗家幸”，于艺术也同样适用。正是在轰轰烈烈的尼德兰革命的背景下，老彼得·勃鲁盖尔创作了《伯利恒的户口调查》《伯利恒的婴儿虐杀》《绞刑架下的舞蹈》等许多反映革命的伟大作品。

《伯利恒的户口调查》和《伯利恒的婴儿虐杀》描绘的是充满恐怖、令人痛心的宗教故事。故事讲述的是希律王得知一个犹太人的王耶稣诞生于伯利恒，害怕自己的王位受到威胁，因此，派人去寻找未来的王，想要斩草除根。但在上帝的佑护下，约瑟带着玛利亚和年幼的耶稣从伯利恒逃了出去。希律王见派出的人未带回耶稣，不禁勃然大怒，于是下令对伯利恒城及周边地区展开户口调查，并对所有年龄与耶稣相仿的男孩进行了血腥屠杀。老彼得·勃鲁盖尔的这两幅画，是对西班牙军队在尼德兰横征暴敛、滥杀无辜的强烈谴责。他将此情景设置在一片白茫茫的冰天雪地中，用冬日的萧瑟与宁静来衬托人们的惶恐与不安，更显出统治者的残暴与血腥。

《绞刑架下的舞蹈》则是对尼德兰“林中乞丐”的讴歌。这幅画作于 1568 年，此时尼德兰革命已经如火如荼地开展了两年有余，在西班牙统治者的镇压下陷入了低潮，但不甘屈服的尼德兰人并未放下武器，他们分散到海上和森林里，以游击战的方式与西班牙统治者进行着灵活而持久的对抗。在这幅画中，老彼得·勃鲁盖尔在背景上花了大量笔墨，倘若不是赫然立在画面中央的绞刑架和其下的坟墓，这应是一幅很漂亮的风景画。在绞刑架下，是载歌载舞的人，在画面的左下角，还画了一个背对观众大便的人——这是对绞刑架象征的西班牙统治者的权力与武力的嘲弄与蔑视。

一身铮铮铁骨，敢于表达愤慨与不满，是老彼得·勃鲁盖尔令人尊敬的地方。他因此被后世称为 16 世纪最伟大的画家之一。

不过这位伟大的现实主义艺术家和许多天才画家一样遭遇了早逝的厄运，去世时年仅 45 岁。令人欣慰的是，受他的熏陶，他的两个

老彼得·勃鲁盖尔《绞刑架下的舞蹈》

儿子，两个孙子、一个孙女和一个曾孙都成了杰出的画家，其中，与他同名的长子小彼得·勃鲁盖尔似乎对父亲尤为崇拜，他临摹了大量父亲的遗作，据说光是《尼德兰箴言》一画他就临摹了不下 16 幅。不过，这位“临摹大师”也并非没有自己的特色——因为爱画妖精，他得了“地狱勃鲁盖尔”的绰号。

“自画像之父”
——丢勒

画家： 阿尔布雷希特·丢勒（Albrecht Dürer，约 1471—1528）

国籍： 德国

代表作：《骑士、死神和魔鬼》

类型： 铜版画

艺术风格： 北欧文艺复兴

银尖笔下的少年

15 世纪末 16 世纪初，随着手工业的不断发展和宗教改革运动、农民战争的蓬勃开展，一度处于欧洲文艺复兴洼地的德国也迎来了春天。人文主义思想不断传播，艺术也开始走向繁荣，肖像画和风景画开始作为独立画科出现，版画则达到了当时欧洲的最高水平。而让德国版画走向巅峰的人，正是德国历史上最伟大的艺术家之一——阿尔布雷希特·丢勒。

1471 年，阿尔布雷希特·丢勒出生于德国纽伦堡。在他生活的年代，德国仍被称为德意志民族神圣罗马帝国。丢勒的父亲是个金匠，他和妻子芭芭拉一共生育了18个孩子，最终只有3个活了下来，丢勒就是其中之一。

丢勒早年从父学艺，年少时就已展露出非同寻常的绘画天赋，这从他的《13岁的自画像》可以看出。这是一张用铅笔在纸上画下的素描，画中少年留着长发、戴着一顶帽子，眼睛微鼓，鼻梁笔直，脸蛋圆嘟嘟的，看上去已有些成熟又不失少年的可爱，画作的空白处则写了“对镜而画”的说明。

在肖像画中，自画像是很难画的一种类型，毕竟画者无法全面地观察镜中的自己，尤其是自己的眼睛和正在作画的右手。丢勒一生创作了许多自画像，而13岁时创作的那幅已颇为成功，他将画像中的左手，也即实际上正在作画的右手藏了起来，巧妙地避免了自画像中的难题之一。

值得一提的是，丢勒13岁时的那幅自画像是用银尖笔画成的。银尖笔是一种很难上手的工具，画完既不能修改，也无法通过笔压来展现不同的绘画效果，它一般被用来绘制插图，除非绘画技艺十分娴熟，一般画家极少采用它来创作。在15世纪的纽伦堡，用银尖笔作画的画家更是少之又少。少年丢勒之所以选择银尖笔作画，很可能是受到他父亲的影响，他父亲老阿尔布雷希特·丢勒曾与尼德兰的大师们共事，而尼德兰画家们颇喜爱用银尖笔来做精确的复制和绘制写生小稿。不管怎样，从这幅虽有缺憾却已画得相当不错的自画像中，可以看到丢勒非凡的天赋，同时也可见其极大的自信。

从年少时起，丢勒就立下了一生的志向。15岁时，他进入米夏埃尔·沃格姆特的绘画作坊专业习画。尽管在如今，米夏埃尔·沃格姆特的名声远不及丢勒，但在当时，他却是德国绘画界举足轻重的人物。从米夏埃尔·沃格姆特的一些遗作可以看出，他是一个不断追求进步

丢勒 29 岁《自画像》

的画家。不过相比画家的身份，沃格姆特在经商上的能力似乎更为出众，他经营着一家纽伦堡最大的绘画工厂，源源不断地生产着来自纽伦堡及其他地区的订单。著名铜版画家马丁·盛高厄和其他本国艺术家的作品被大量生产出来。此外，这里也盛产意大利版画和素描的复制品。丢勒在这里学艺数年，一生的创作方向都深受其影响。

成功背后的手

丢勒在米夏埃尔·沃格姆特的绘画作坊学艺 3 年，而后他走出画室，沿着莱茵河，开启了长达数年的游学与考察。他到过法兰克福，访问过科隆和巴塞尔，后来又越过壮丽的阿尔卑斯山，在威尼斯对意大利文艺复兴的成果加以系统研究和学习。多年的游学丰富了丢勒的阅历，增长了他的学识，也使他结交了不少颇具人文主义精神的朋友。总之，丢勒在走出画室之后经历了一场精神蜕变，由一个画艺精湛的少年蜕变成了一个有着广阔见识、渊博学识和成熟思想的青年。1495 年，当 24 岁的丢勒回到纽伦堡创建自己的绘画工作室时，他已经具备了走向成功的所有条件，接下来他所要做的，是尽情将自己过去的积淀和才华展现出来。

如何让自己迅速走向成功?

丢勒很聪明地选择了一个突破口——版画。这正是他年少时从米夏埃尔·沃格姆特绘画作坊学来的手艺。在丢勒生活的年代,艺术品仍十分昂贵,只有达官显贵才有收藏的能力,普通人根本消费不起。但丢勒使得这一状况得到了大大改善。他努力探索印刷术的潜能,自己创作设计出大量方便携带又价格合理的流行题材的木版画和铜版画。在过去,版画只被当作工艺品来对待,丢勒却用他精湛的绘画技艺和卓越的才华,将其上升到艺术的高度。

丢勒的版画作品技艺精湛完美,题材广泛而丰富,同时往往还蕴含着丰富的哲理。如他最为有名的三幅铜版画《骑士、死神和魔鬼》《书斋中的圣哲罗姆》《忧郁》,就是三幅寓意深刻的艺术品。

《骑士、死神和魔鬼》创作于 1513 年,画中一名坚毅果敢的骑士身穿盔甲骑在马上,从一片危机四伏的森林中经过,魔鬼尾随其后,死神从旁边跳出,骑士脚下爬着蜥蜴、落着骷髅头,但骑士对此视而不见,骑着马、带着狗一往无前。据说这幅画的创作灵感来自《基督教士兵手册》,这本小册子的作者乃被誉为“16 世纪的伏尔泰”的荷兰著名人文主义学者伊拉斯谟。丢勒与伊拉斯谟熟识,同时对宗教改革领袖马丁·路德也十分崇敬,《骑士、死神和魔鬼》一画的寓意也就不难猜测了。

《书斋中的圣哲罗姆》和《忧郁》也是两幅思想深邃的画作,透露的是丢勒对精神信仰和人生的思考。在《书斋中的圣哲罗姆》中,圣哲罗姆坐在充满阳光的宁静的室内埋头工作,屋子里的一切都被安置得井然有序,小狗熟睡在慵懒打盹的狮子身边,狮子把守着门口,使得这间简陋的屋子与外界隔绝。

而在《忧郁》中，长翅膀的忧郁女子披着一头凌乱的长发，一手拿着圆规，一手托腮席地坐在一间木屋之前，若有所思地望着前方，地上凌乱地堆放着圆球、木梯、沙漏、天平、锯子等物，爱神在她身旁发呆，狗伏在她的脚下打盹，而木屋墙上那幅四阶幻方最下面一行中间两格的数字，据说是丢勒母亲去世的年份。

尽管很难一一阐释清楚这两幅画中的细节究竟有何寓意，但丢勒习惯将这两幅版画一起送出这一行为，使得这一组对比鲜明的画作意味深长，引人深思。

丢勒的版画作品受到了纽伦堡新兴资产阶级的热烈欢迎，成了人们装点房间和办公场所的理想产品。在纽伦堡取得成功后，丢勒的野心更大了，他开始生产更多的版画，并雇佣销售员将它们推销到欧洲各地。事实证明，丢勒不仅是一个伟大的画家，同时也是一个天才商人，他很会推销自己。很快，从鹿特丹到罗马，欧洲的墙壁挂满了他的版画。尽管还很年轻，丢勒却已相当成功，这些版画不仅为他赚回白花花的银子，还为他赢得了世界声誉。

由于版画销量太好，丢勒常常面临被抄袭的烦恼，大量赝品被生产出来，迫使他不得不采取种种手段来维护自己的利益。最初，丢勒在他的作品中添上由他姓名首字母组成的 AD 字样来保护自己的作品，这差不多是世界上最早的“商标”。然而在作品上标注“商标”根本无济于事，因为它照样可以被模仿。后来，丢勒又从马克西米安皇帝那里取得了历史上的第一份版权，宣布他已获得特权，禁止任何人印刷或出售他的版画的仿制品，但这一做法同样收效甚微。

然而成功的到来看似轻易，实则有着许多不易。出生于金匠家庭的丢勒起初并不富裕，据说他之所以在年轻时能在欧洲各地游学数年，是得到了一位好友的资助，但这位好友也并非富豪，而是和丢勒一样，只是一个喜爱绘画的穷困青年。为摆脱困境追求理想，这对好友商议由一个人先出来工作，供另一个人读书和绘画。丢勒的好友是个憨厚而心胸宽广的人，他认为丢勒更有才华，于是决定自己先出来工作，将赚得的辛苦钱资助丢勒求学。可惜，当丢勒学成后走上独立绘画的道路、有能力帮助好友实现人生理想时，好友的手却因矿厂的辛苦劳动而变形，无法再画画了。据说，丢勒创作于1508年的名画《祈祷的双手》正是为这位好友所作。当然也有另一种说法，说在背后默默支持丢勒的那个人是他的兄弟。不管此人究竟是何身份，他那双弯曲变形的手都象征着一段伟大的情谊，同时也见证了一个默默无闻的青年要走向成功是多么不易。

丢勒《祈祷的双手》

丢勒到底属于谁？

丢勒是历史上为数不多的生前就名声大噪、获得至高荣誉的画家。除了版画，他还画了许多油画、水彩画和素描作品，其创作手法不拘一格，题材十分广泛，从宗教画到肖像画，再到动物和植物写生，包罗万象。他的油画，如《亚当与夏娃》，画风精致细腻，受尼德兰细密画影响颇深，而完美的人体比例与结构，又体现出古希腊艺术的滋养；他的水彩画，如《年轻的野兔》，优雅的线条勾勒出兔子柔软的身体，丰富有序的色彩变幻则表现出兔子温暖与丰满的感觉；他的毛笔画，如《老人头》《男孩的手》等，都成了后世画家临摹的范本。

丢勒一生为后世留下了大量杰作，但他却不甘于只当一个画家。除了绘画，他还撰写有多篇绘画论文。同时，他还是个数学家、机械师和建筑学家。他学识渊博，与远在意大利的达尔文遥相呼应。德国诗人歌德对他如此评价：**“当我们明白了丢勒的时候，我们就认识了高贵、真实和丰美，只有最伟大的意大利画家，才有和他等量齐观的价值。”**

丢勒水彩画《年轻的野兔》

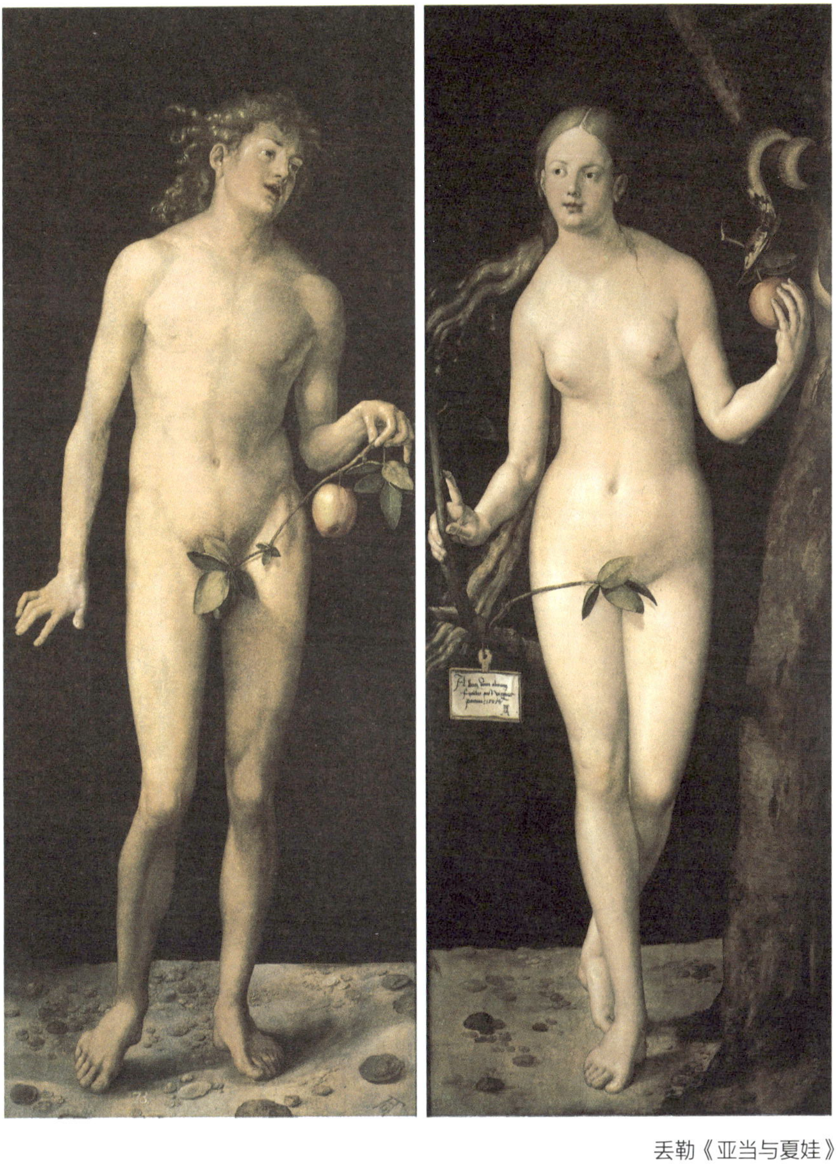

丢勒《亚当与夏娃》

不幸的是，这位百年难遇的天才人物仅五十几岁就被疾病夺走了生命。丢勒去世后，整个欧洲都沉浸在沉痛的哀悼中。甚至于在葬礼结束后，人们又将他的遗体挖出，并制作了一张他的遗容面膜。宗教改革领袖马丁·路德也很为丢勒的早逝感到惋惜，他悲痛地说：**“人们理应为这样一个优秀的人流泪，这再自然不过了。”**

纽伦堡为能拥有丢勒这样一个伟大的画家而自豪，该市的市民像崇敬圣徒那样给了丢勒无比体面的待遇——1840 年，该市竖起了一座丢勒的铜像，并在铜像上刻了这样的铭文：**“我父丢勒，请把你的祝福赐予我们，我们将像你一样珍惜德国艺术。请你做我们的指路明星，直到坟墓中！”**

丢勒不只是纽伦堡的，他还是整个德国的。到了 20 世纪 20 年代，丢勒曾被赞为“最德国的德国艺术家”，尽管他的祖籍是在匈牙利。而到了冷战时期，东德和西德还一度争抢丢勒——当然，凡此种种，都与丢勒本人无关，也丝毫未曾影响丢勒的声誉。

多才多艺的人生大赢家

——老卢卡斯·克拉纳赫

画家：老卢卡斯·克拉纳赫（Lucas Cranach der Aeltere，约 1472—1553）

国籍：德国

代表作：《逃亡埃及途中的休息》

类型：铜版画

艺术风格：多瑙河画派

宗教改革家的朋友

中世纪的欧洲存在一个很奇怪的现象：人们从教会手里大把购买赎罪券，相信有了它就可免去身上的罪恶，死后升入天堂。赎罪券的发明者是 700 多年前的教皇乌尔班二世，最初的目的是加强十字军战士的宗教信仰，后来却渐渐演变成了教会敛财的无耻手段。16 世纪时，教皇利奥十世以修缮圣彼得大教堂的名义，派一个名叫台彻尔的修士前往德国贩卖赎罪券，该修士最著名的言论为："只要买赎罪券的钱币投入钱柜叮当一响，买主挂记的那个罪人的灵魂就立刻从炼狱直飞天堂。"自此，以教皇为中心的罗马教廷成了赎罪券的生产商，各地主教和地方神父则是它的代理商和经销商，而处于最下层的广大信徒，则成了赤裸裸的受骗者。他们贡献出辛苦赚得的钱财，用来购买所谓的赎罪券，结果这些钱财却被腐败的教士们拿去过奢靡的生活。

不少理性的人对教会贩卖赎罪券的行为提出了疑问，马丁·路德就是其中最著名的一位。1517 年，马丁·路德发起了一场神学界关于赎罪券的辩论，这场辩论很快成了德国宗教改革的导火索。为向大众揭露赎罪券及教会所颁布的许多教义的荒谬性，马丁·路德将《圣经》翻译为德文，使因信称义的思想在广大信徒中传播。在此过程中，有一个人对马丁·路德思想的传播起到了很重要的作用，他不仅是马丁·路德译版《圣经》的出版商，为它画了许多精美插图，还用许多油画记录了当时的宗教改革——这个人正是马丁·路德的挚友老卢卡斯·克拉纳赫。

老卢卡斯·克拉纳赫是德国 16 世纪最重要的画家之一，原名老卢卡斯·马勒，他来自巴伐利亚州上弗兰肯的克罗纳赫，他从小随父学艺，年轻时曾到多瑙河畔的维也纳学艺，而立之年成为维滕贝格宫廷画师，人生一路坦途。老卢卡斯·克拉纳赫是他成为画家之后的艺名，之所以称之为老卢卡斯·克拉纳赫，是因为其子与他同名，且日后也成了画坛颇有影响力的画师。

在绘画上，和当时许多大师一样，老卢卡斯·克拉纳赫是一个多面手。他擅长描绘宗教与神话题材，肖像画和风景画也画得十分不错。《逃亡埃及途中的休息》是老卢卡斯·克拉纳赫早期宗教画的代表作品，这幅画作于他去维滕贝格前的 1504 年。画中圣母玛利亚和约翰的形象仍未摆脱传统宗教画的程式，但远离现实生活的人物却置身于颇为写实的背景中：旷野中的树木和山林被刻画得十分逼真，近景和远景的处理也很得当，表现出了深远的空间感。此外，圣婴耶稣周围一群天真活泼的小天使显示出画家大胆的想象力。

德国画家早在15世纪早期就已表现出肯定现世生活、肯定人性、歌颂大自然的人文主义倾向，康拉德·维茨的作品就是那个时代的代表。到了老卢卡斯·克拉纳赫生活的16世纪，这种倾向更为明显。在成为维滕贝格宫廷画师之后，老卢卡斯·克拉纳赫常常需要为教堂和城堡创作装饰画。其间创作了《亚当和夏娃》《耶稣受难》《圣母子》等以宗教故事为题材的作品。画中背景一如既往地细腻写实，画得一丝不苟；人物并不像意大利画家那般注重写实，但充满人文主义色彩，如《圣母子》中的圣母，虽被服装裹得严严实实，面部表情却充满人间温情，她的嘴角微微上扬，眼神妩媚动人，给人一种蒙娜丽莎般的神秘美感。

老卢卡斯·克拉纳赫《亚当和夏娃》

老卢卡斯·克拉纳赫反对禁欲主义，主张人性解放的思想，在《帕里斯的裁判》《维纳斯和丘比特》《亲密的白银时代》《黄金时代》等希腊神话题材的“异教”作品中表现得更为突出。在这些画作中，他画了大量裸体，这正是对人性的肯定与赞美。然而老卢卡斯·克拉纳赫为人谦和，是个处处懂得节制的人，这一性格也同样表现在他的绘画作品中。如《黄金时代》一画，变形稚拙的人物成对出现，连动物也成双成对，这些载歌载舞的男人、女人及嬉戏的动物，共同构成了一幅无拘无束的人间乐园图，然而这片“乐园”充满纯真，并无狂欢与放荡之姿。

作为一名杰出的宫廷画师，老卢卡斯·克拉纳赫也为当时的王公贵族和名人绘制肖像。马丁·路德有张十分有名的肖像画：画像中，他戴着一顶扁平的黑帽，身穿一件高领黑外套，眼睛炯炯有神地望向前方，宽大的下巴坚定有力，显示出他坚毅的性格——这幅颇具风格的画作就出自老卢卡斯·克拉纳赫之手。画像左边的背景上写着1533的日期，还画着一个头戴王冠、嘴衔宝石的蛇纹标记——这是老卢卡斯·克拉纳赫的专属签名。

老卢卡斯·克拉纳赫《马丁·路德像》

当然，作为挚友，卢卡斯·克拉纳赫为马丁·路德画过的肖像远不止一幅。1525 年，老卢卡斯·克拉纳赫作为马丁·路德与其妻子卡特琳娜·冯·博拉的证婚人，为他们创作了一小幅颇具纪念意义的二折油画作“结婚证”。他还为马丁·路德的父亲画过肖像。当马丁·路德去世时，他还亲自为挚友绘制了遗像。

此外，老卢卡斯·克拉纳赫的风景画也十分卓越，充满浪漫情调，为多瑙河画派开拓了道路。多瑙河画派的代表人物阿尔特多菲尔是德国第一位画出没有人物的纯粹风景画的画师，他的风景画创作曾深受老克拉纳赫维也纳时代的作品影响。

诙谐的人生大赢家

老卢卡斯·克拉纳赫与德国最伟大的画家丢勒生活于同一时代，年龄也相仿。我们很难评判两人在才华上的高低，或许丢勒要略高一筹，但两人都很聪明这点是肯定的。和丢勒一样，除了油画，克拉纳赫也很机智地抓住了版画这一市场——这是 16 世纪最具传播力的艺术样式，是一种可以大量生产图像的技术，同时享有充分的创作自由，不会受客户审美、品味与偏好的束缚。

自在维滕贝格立稳脚跟后，老卢卡斯·克拉纳赫就从未停止版画的创作。而当丢勒发力铜版画的创作时，老卢卡斯·克拉纳赫则稳稳占据了木版画市场的第一把交椅。他经营着一家很大的绘画工场，接受来自全国各地的订单，源源不断地生产出各种各样的木刻版画。出自老克拉纳赫绘画工场的版画拥有剧烈起伏的线条和极富动态的构图，还令人惊诧地注入了生动的配色。

老卢卡斯·克拉纳赫78岁《自画像》

老卢卡斯·克拉纳赫绘画工场的造画速度是令人震惊的，据传有5000幅之多，这意味着即使每天完成一幅绘画，也要接连不断工作将近14年才能完成。这些作品显然不可能每幅都是精品，但这丝毫无损老卢卡斯·克拉纳赫的名声，也丝毫不影响他的生意。

通过绘画，老卢卡斯·克拉纳赫赚得盆满钵满，随后他就不再安于画家的身份。自1520年之后，这位年近半百的宫廷画师开始大大展露出其在商业上的才华：他先购置了一家药店，成为一名药商；随后又购入了书店、纸铺和印刷厂，成了一名出版商。老卢卡斯·克拉纳赫之所以能为马丁·路德的宗教改革出大力气，正是得益于他自身雄厚的财力和身兼画家及出版商的便利身份。

然而老卢卡斯·克拉纳赫的精彩人生并未止步于此。他还是一名设计师，肩负为节日庆典提供装饰设计方案的职责。他对政治也颇感兴趣，自1519年起，他多次被选为维滕贝格市政会委员，后来还不止一次担任过维滕贝格的市长。

要成为这样的人生大赢家需要非同常人的精力，老卢卡斯·克拉纳赫的精力从他作于1550年的自画像可以看出。画像中，他略有些发白的头发整齐地梳向后方，方形的脸庞精神饱满、神情严肃，眼睛炯炯有神地看向画外，修剪得十分精致的花白胡子使他看上去充满阅历与智慧。此时，老卢卡斯·克拉纳赫已是个年近八旬的老人，这般年纪仍能如此精神矍铄，可见他的精力有多充沛。

当然，除了充沛的精力，他的成功还在于圆滑处世的能力与智慧，而这些则来自对社会与人性的深刻洞察。老卢卡斯·克拉纳赫毫不掩饰自己对社会及人性的认知，他将自己的许多见解用讽喻画的方式表达出来。

《示爱的老头和小妞》及《示爱的老太与小伙》是两幅颇有意思的讽喻画。老头的牙齿已经疏松脱落，却仍紧紧抓住少女的手，色眯眯的眼神透露出他内心的欲望；少女则穿着繁复精美的服饰，或许是昂贵的戒指让她未能下定决心拒绝老头的示爱与追求，可她的眼神却并没有与老头对视，而是看向高处，呈现出的是她内心的骄傲、不情愿及对老头的无视。《示爱的老太与小伙》也是一样，老卢卡斯·克拉纳赫用活灵活现的眼神很好地揭示了人性的贪婪与欲望。

老卢卡斯·克拉纳赫的智慧，正是在于他深谙人性并懂得很好地把握与利用它，这使得他在现实生活中过得十分富有、体面，同时又很好地追求了自己的理想。这样一个聪明人物，在当时受到了与他同时代人们的爱戴与敬重，画坛巨匠丢勒还特意为他画了一幅银尖笔肖像画。

德国最杰出的肖像画大师

——小荷尔拜因

画家： 小汉斯·荷尔拜因（Hans Holbein the Yourger，约1497—1543）

国籍： 德国

代表作：《伊拉斯谟肖像》

类型： 油画

艺术风格： 文艺复兴

为崇拜者画像

奥格斯堡是德国南部一座有着悠久历史的文化名城，这里曾诞生过著名的商人、建筑家、诗人和音乐家，同时也是著名画家荷尔拜因的故乡（**德国画坛有两位画家都叫荷尔拜因，他们是一对父子，儿子在艺术上取得的成就更高，名声也更为响亮，此处所指即为儿子荷尔拜因；为区别二人，人们通常又将儿子称为小荷尔拜因**）。

小荷尔拜因出生于15世纪末，他生活的年代正是意大利诞生画坛文艺复兴三杰的时代。此时的意大利已进入文艺复兴全盛时期，但地理位置偏北的德国则尚处于文艺复兴的萌芽时期。虽如此，德国的艺术界也不乏大师，小荷尔拜因就是与丢勒、老卢卡斯·克拉纳赫等巨匠齐名的杰出画家。

和许多画家一样，小荷尔拜因在成为独立画师之前，走的也是当学徒及四处游学的路子——他先是从父学艺，后来又到当时德国的文化中心巴塞尔，在画家赫布斯特手下当了两年学徒，随后他南下来到瑞士，继而又来到意大利，开始四处游学以增长学识、开阔眼界。1519 年，刚 20 出头的小荷尔拜因回到巴塞尔，加入画家协会，正式成了一名画师。

巴塞尔是当时德国的人文主义学术中心和新兴印刷业中心，在巴塞尔，小荷尔拜因以其细腻、典雅的画风受到了热烈欢迎，不久即成为这座城市著名的书籍装帧设计家、插画家和装饰画画家，但他最为擅长的还是肖像画。小荷尔拜因为许多名人画过肖像，其中最为著名的当数《伊拉斯谟肖像》。

伊拉斯谟是 16 世纪欧洲著名的人文主义学者，比小荷尔拜因年长 30 多岁。他精通希腊文和拉丁文，学识渊博，本是荷兰人，后定居巴塞尔，其代表作《愚人颂》被奥地利小说家、诗人茨威格视为“一颗轰开通向德国宗教改革之路的炸弹”，可见其思想对德国影响的深远。

当年轻的小荷尔拜因刚来到巴塞尔时，伊拉斯谟已是当时文化界的名人。小荷尔拜因对伊拉斯谟十分崇拜，在未见过他本人时即为这位自己仰慕的长者画过肖像。1523 年，小荷尔拜因终于在一位友人那里亲眼见到了伊拉斯谟，不禁为这位大学者的风度和学识所倾倒，回到家后一口气画了三幅伊拉斯谟的肖像。

在画伊拉斯谟肖像时，小荷尔拜因打破常规肖像画构图，选择了侧面坐姿、目光向下正在写作的动态来作画。这一选择十分大胆，因

小荷尔拜因《伊拉斯谟肖像》

为不仅要靠二分之一的面部来刻画人物的神情面貌，而最能反映人物心灵的眼睛又向下注视，其实很不利于表现人物个性。小荷尔拜因这样做似乎是在为自己“找茬”。然而小荷尔拜因通过攻克自己给自己设置的难题获得了成功——他通过着力刻画人物侧面突出的高高的鼻梁、专注的目光、坚定的嘴唇、高贵的手部，用丰富的细节和黑色衣帽的衬托，完美展现了这位学界泰斗坚毅果敢、智慧聪颖、沉着稳健的内心世界。而单纯又富有变化的背景，则营造出冷静、安详、文雅的气氛，对人物性格起到了烘托作用。

创作《伊拉斯谟肖像》时小荷尔拜因不过二十五六岁，还十分年轻，但这幅肖像画却成了欧洲最杰出的肖像画之一，小荷尔拜因也因此向一流画师大大迈进了一步。而伊拉斯谟本人对这幅画的肯定与喜爱，则更令小荷尔拜因感到振奋。此后，小荷尔拜因在肖像画的路上越走越远，最终成为享誉欧洲的肖像画大师。

亨利八世的宫廷画师

小荷尔拜因的事业刚起步时，德国因受到宗教改革的冲击已变得不利于艺术家生存。1526 年，小荷尔拜因通过伊拉斯谟结识了英王亨利八世的首相托马斯·莫尔，于是有了第一次拜访英国的经历。

托马斯·莫尔与伊拉斯谟是挚友，其本身也是一位才华横溢的人文主义学者，他在《乌托邦》一书中描绘了一个充满自由、民主、博爱且富裕无比的理想世界，成为空想社会主义的创始人。1526 年左右，正是托马斯·莫尔一生中最光辉灿烂的岁月，他因得到国王的倚重而平步青云，一时成为一人之下、万人之上的英国头号重要人物。因为这层关系，小荷尔拜因于 1531 年彻底从德国移民到了英国定居，他在英国为亨利八世服务，成了亨利八世的宫廷画师。

在英国度过的大半生中，小荷尔拜因一直以肖像画家的身份活跃于画坛，他用油画画肖像，也用多色粉笔画，其技法渐趋成熟，在后期已达到登峰造极的境地。

《让·美西亚》是小荷尔拜因的著名作品之一，作品中的女子头戴帽子，眼神专注，不苟言笑，身上的衣服珠光宝气，被描绘得极为细致，映衬出主人的高贵典雅。

《尼古拉斯·克拉泽的画像》也画得十分出色，作品中的人物手持圆规和量角器，双眼凝视前方，似乎正在思考一个数学难题。这种若有所思的神情，在小荷尔拜因不少肖像画中都有出现，是小荷尔拜因肖像画的一大鲜明特色。

《丹麦的克里斯蒂娜，米兰的公爵夫人》则是一幅有故事的画作。画中人物克里斯蒂娜是丹麦国王克里斯蒂安二世的女儿，这位公主 15 岁时嫁给了米兰的斯幅尔扎公爵为妻，不幸公爵早卒，她就住进了布鲁塞尔哈布斯堡摄政王的宫廷中。1538 年，小荷尔拜因受命为克里斯蒂娜画像，他花费三个小时为这位守寡的公主画了一幅简单的速写，

小荷尔拜因《伦敦的德国商人格奥尔格·吉斯泽肖像》

画中少妇的一袭黑色天鹅绒长袍和苍白、沉郁的面部表情，反映了她正在服丧的身份。据说亨利八世看了画后极为喜欢，千方百计想娶克里斯蒂娜为妻，但最终因政局多变而未遂。

小荷尔拜因《亨利八世肖像》

《伦敦的德国商人格奥尔格·吉斯泽肖像》一画也极为有名，堪称小荷尔拜因创作巅峰时期的代表作品。格奥尔格·吉斯泽为德国商会驻伦敦的代表、英国商界的知名人物，小荷尔拜因用极为细腻、精密的笔触将这一人物形象刻画得清晰无比。不仅如此，连铺在桌上的阿拉伯图案的毛毡、木板墙壁上的帐册、桌上的文具、装有金币的圆盒、剪刀、鹅管笔、轻薄小巧的玻璃瓶、几支略微脱水的石竹花……都刻画得纤毫毕见，甚至连吉斯泽身后木板上的铁钉也画出了亮部、暗部、高光和阴影，图中所有纸片、信函上的文字也都清晰可辨。

小荷尔拜因所画的人物有英王亨利八世，也有外国使节、教授、公爵、爵士、公主等，他很善于通过细节来表现人物身份与性格特征，他的肖像画虽然毫无戏剧性的渲染，但经他之手，这些画中人物往往都呈现出高贵、静穆与专注的气质。在去世之前，小荷尔拜因已成为那个时代北欧最伟大的肖像画家，他的肖像画对英国绘画产生了深远影响，为以后英国绘画的发展奠定了基础。

图书在版编目（CIP）数据

你不可不知的西方画家及其作品．巨匠辈出的文艺复兴／王月亮著．—北京：中国法制出版社，2019.10

ISBN 978-7-5216-0574-7

Ⅰ．①你…　Ⅱ．①王…　Ⅲ．①画家—生平事迹—世界—中世纪②油画—作品集—世界—中世纪　Ⅳ．① K815.72 ② J233

中国版本图书馆 CIP 数据核字（2019）第 220513 号

策划编辑：李　佳（amberlee2014@126.com）

责任编辑：李　佳　黄一迪　　　封面设计：汪要军

你不可不知的西方画家及其作品．巨匠辈出的文艺复兴

NI BUKE BU ZHI DE XIFANG HUAJIA JI QI ZUOPIN. JUJIANG BEICHU DE WENYI FUXING

著者／王月亮

经销／新华书店

印刷／廊坊一二〇六印刷厂

开本／710 毫米 ×1000 毫米　16 开　　　印张／12.25　字数／135 千

版次／2019 年 10 月第 1 版　　　2019 年 10 月第 1 次印刷

中国法制出版社出版

书号 ISBN 978-7-5216-0574-7　　　定价：48.00 元

北京西单横二条 2 号　邮政编码 100031　　　传真：010-66031119

网址：http://www.zgfzs.com　　　**编辑部电话：010-66038703**

市场营销部电话：010-66033393　　　**邮购部电话：010-66033288**

（如有印装质量问题，请与本社印务部联系调换。电话：010-66032926）